国家出版基金项目
NATIONAL PUBLICATION FOUNDATION

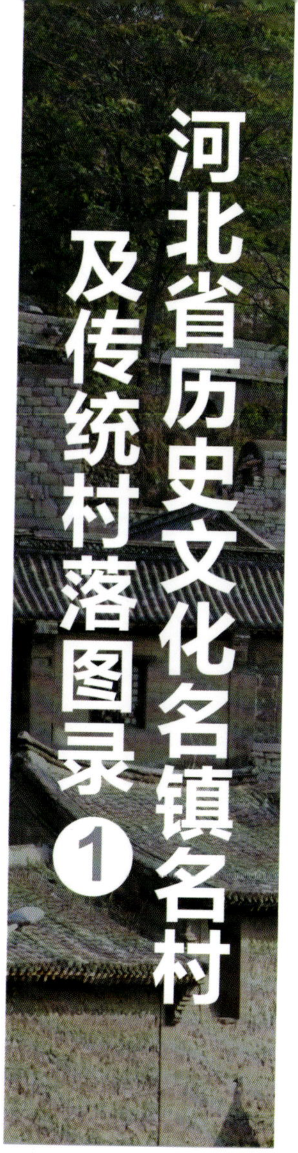

河北省历史文化名镇名村及传统村落图录 1

【石家庄 邢台】

魏广龙 席建林 刘歆 编著

天津大学出版社
TIANJIN UNIVERSITY PRESS

图书在版编目（CIP）数据

河北省历史文化名镇名村及传统村落图录．1，石家庄、邢台／魏广龙，席建林，刘歆编著．— 天津：天津大学出版社，2019.3

ISBN 978-7-5618-6377-0

Ⅰ．①河… Ⅱ．①魏… ②席… ③刘… Ⅲ．①乡镇－石家庄－图集②乡镇－邢台－图集 Ⅳ．①K922.25-64

中国版本图书馆 CIP 数据核字 (2019) 第 046294 号

出版发行　天津大学出版社
地　　址　天津市卫津路 92 号天津大学内（邮编：300072）
电　　话　发行部 022-27403647
网　　址　publish.tju.edu.cn
印　　刷　廊坊市瑞德印刷有限公司
经　　销　全国各地新华书店
开　　本　210mm × 285mm
印　　张　12.5
字　　数　301 千
版　　次　2019 年 3 月第 1 版
印　　次　2019 年 3 月第 1 次
定　　价　158.00 元

本书编委会

鸣谢单位（排名不分先后）：

河北省住房和城乡建设厅村镇建设处　河北省村镇建设促进中心　保定市住房和城乡建设局

石家庄市住房和城乡建设局　定州市住房和城乡建设局　邢台市自然资源和规划局

张家口市自然资源和规划局　唐山市住房和城乡建设局　邯郸市自然资源和规划局

沧州市住房和城乡建设局　廊坊市住房和城乡建设局　秦皇岛市住房和城乡建设局

封面插图：魏广龙

Preface

序

我国的传统村镇聚落保留着大量的物质文化遗产和非物质文化遗产，蕴藏着丰富的历史文化信息，是中华民族文化传承的物质载体，是回望历史、寄托乡愁、展望未来的精神家园。随着我国城镇化速度的加快和产业结构的调整，许多传统村镇聚落受到不同程度的影响而逐渐消失，农耕文明和乡村传统文化日渐衰微。一些得以保留且弥足珍贵的传统村镇聚落何去何从，已成为社会学、人类学、建筑学和文化遗产保护领域及社会各界广泛关注的重要议题。国家十分重视优秀民族文化的传承和发扬，为保护日渐消失的传统城镇和村落，颁布了多项保护政策，实施了一系列保护措施。2008 年 4 月，国务院颁布了《历史文化名城名镇名村保护条例》；2012 年 12 月，住房和城乡建设部、文化部、财政部三部门联合发文，公布了第一批中国传统村落名录，截至 2018 年年底已陆续公布 5 批，列入名录的传统村落达 6 799 个。

燕赵文化历史悠久，河北省目前仍保留着许多具有浓厚燕赵文化特色的传统村镇聚落。这些传统村镇聚落大多散布在冀中平原、太行山区和燕山山区，它们有些曾是富甲一方的古镇，有些曾是商旅云集的商埠，有些曾是防卫森严的城堡，还有些曾是充满诗意的田园乡村。这些传统村镇形式多样，特色鲜明。由于所处地区和环境的不同，各个传统村镇的布局因地制宜，随坡就势，形成了独特的肌理和景观，在自然山水的映衬和农耕文明的熏染之下，它们散发出浓郁的乡土气息，体现了淳朴的民风乡情。这些村镇中建筑的形式，既有格局规整的传统北方四合院，也有各式各样的窑洞，如石砌锢窑、砖砌锢窑以及掘土而成的靠山窑、地坑窑，极具地方特色。乡土建筑建造时多就地取材，土木砖石各有所用；建筑结构、建造技术和施工工艺则以适合当地的气候和环境为宜。

“河北省历史文化名镇名村及传统村落图录 1、2、3”图书出版项目得到国家出版基金的资助。作者从河北省域内的中国历史文化名镇名村、列入中国传统村落名录的村落以及河北省历史文化名镇名村中，遴选了 70 余个传统村镇聚落编辑成册。作者团队通过对这些传统村镇聚落的现场走访、调研和踏勘，收集了第一手资料，并把这些民间精粹、国之瑰宝记录下来，采用图片与文字相结合的方式，从村镇概况、空间格局、物质文化遗产、非物质文化遗产等方面真实地反映河北省传统村镇聚落的概貌，充分展示其文化内涵和魅力。这 3 册图书为我们全面深入地了解河北省传统村镇聚落提供了一把钥匙，借助这把钥匙，我们可以打开一扇文化之门，进而探究其所蕴含的文化真谛。

传统村镇是我国农耕文明留下的宝贵遗产，是历代祖先的无私馈赠，对研究我国社会、经济、艺术以及科技发展都具有重要价值。希望这 3 册书的出版，能够引起大家对这些濒临消亡的古村、古镇的高度重视，对中华民族的文化遗产更加珍惜。希望大家在繁忙的工作之余，能够放慢脚步，切身领略传统村镇带给我们的和美与宁静、绚烂与妩媚以及那一份沉重与沧桑。

张玉坤

2019 年 1 月

Foreword

前 言

我国幅员辽阔，灿烂的农耕文明历史悠久，形成了极为丰富的乡村文化遗产。2012 年 9 月，传统村落保护和发展专家委员会第一次会议决定，将习惯称谓“古村落”改为“传统村落”，以突出其文明价值及传承的意义。中国历史文化名镇名村是建设部（现住房和城乡建设部）和国家文物局从 2003 年起共同组织评选的，是保存文物特别丰富且具有重大历史价值或纪念意义的、能较完整地反映一些历史时期的传统风貌和地方民族特色的村和镇，它们基本反映了我国不同地域历史文化村镇的传统风貌。

河北省的历史文化名镇名村及传统村落在全国占据很大的比例。2016 年，河北工业大学建筑与艺术设计学院开始参与河北省住房和城乡建设厅（以下简称“河北省住建厅”）有关河北省历史文化名镇名村及传统村落的记录、整理、立档项目。我们的团队分为若干个考察队，深入各个村落进行走访和考察，调研了丰富多彩的传统建筑，收集了第一手资料，体验了河北乡村深厚的历史文化底蕴和淳朴民风，充分感受到河北省乡村历史发展的多样性。截至 2018 年年初，河北省有近百个国家级或省级历史文化名镇名村和传统村落。通过与河北省村镇建设促进中心的合作，我们梳理出部分村落的图像和文字资料，并整理成册，形成《河北省历史文化名镇名村及传统村落图录》（1、2、3）3 册，以图文并茂的方式全面系统地介绍了这些村落和古镇的基本情况、历史沿革、村落环境、空间格局、传统民居、公共建筑以及非物质文化遗产等。我们与河北省住建厅于 2018 年 7 月开展了图录第二辑的立项工作，希望通过立档的方式使这些村落的物质文化遗产和非物质文化遗产得到更好的传承。

在调研村落的过程中接触到众多丰富多彩、珍贵璀璨的物质和非物质文化遗产，我们的内心受到极大的震撼，原来乡村有这么多值得研究和传承的东西，同时我们也为乡村的现状深感担忧。由于乡村空心化和人们对传统文化的忽视，目前越来越多的特色乡村的整体肌理和传统文化逐步消失，取而代之的是无序的建设和混乱的空间。村内大部分年轻人外出打工，很多房屋因无人居住而空置，一些具有历史文化价值的特色民居和传统建筑逐渐坍塌损毁，无法修复。一些民间技艺无人传承，也将逐步消失。这一现状给我们敲响了警钟，如果再不采取行动，未来我们将再也看不到拥有几千年历史的传统村落和农耕文明，将彻底失去我们的“乡愁”。

河北省向来为京畿要地，在京津冀协同发展中为重要的一环，具有“新型城镇化与城乡统筹示范区、京津冀生态环境支撑区”的定位要求。基于此，如何做好河北省的乡村保护工作是一个值得深思的问题。我们认为，一方面应该对这些古镇、村落进行纸质化和数字化归档，建立档案库，为进一步保护提供基础数据和资料；另一方面还要结合当前乡村振兴的政策背景，把保护和发展结合起来，对乡村进行活态保护，采用“生态博物馆”的理念，发挥原住民的积极作用，使他们主动保护自己的生活环境和文化传统。我们希望这 3 册书的出版能起到抛砖引玉的作用，使公众认识到保护传统村落和名镇名村的意义，领略到村落的独特魅力与社会文化价值，从而营造全社会关注村落文化的热潮，让更多的人参与村落保护和传承；同时能为京津冀的城乡规划、政策制定、协同发展提供资料参考，为区域内的村庄建设、文物保护、非遗传承、经济发展、文化建设等提供依据。

河北省地大物博，传统村落和名村古镇众多，传统文化广博深邃。作为以研究建筑为主的团队，我们将图书编写的重点放到物质文化遗产方面，对非物质文化遗产仅作了简单概述，并不全面深入。另外在传统建筑方面，由于各种原因，很多建筑已经坍塌，或重建，或仅存残垣、遗址，也有的建筑因为是个人住房或危房，很难进入取得全貌，故书中的部分建筑图片为局部照片。希望这些问题在我们下一步的工作——村落资料数据化工程中加以解决和完善，以更详尽和现代化的方式将这些遗产档案更好地保存和传承下去。

最后，感谢国家出版基金管理办公室对这套书的大力支持，没有国家出版基金的资助和各位专家的指导，本套书实难出版；感谢河北省村镇建设促进中心副主任席建林的大力支持，感谢河北省住建厅及各地住房和城乡建设部门的全力配合，为我们提供了大量的基础数据和资料；感谢天津大学建筑学院张玉坤教授为本套书提出了许多宝贵意见并作序；感谢负责资料采集和图书编写的老师和同学们，不管是夏日炎炎还是寒风凛冽，你们都始终坚守第一线，是你们不辞辛苦的付出才结出今天的硕果。

历史文化名镇名村和传统村落的研究与保护任重而道远，需要大家的共同努力才能使我们的乡村焕发新的生机。再次感谢大家的支持，我们会继续走下去。

魏广龙

2018 年 12 月

Contents

目 录

第一篇 石家庄篇

石家庄地处河北省中南部，属环渤海湾经济区，东与衡水市接壤，南与邢台市毗连，西与山西省为邻，北与保定市交界。石家庄辖区总面积为 13 504 平方千米（不包括河北省直管辛集市，其面积为 960 平方千米），辖 8 个区（长安区、桥西区、新华区、裕华区、井陉矿区、藁城区、鹿泉区、栾城区）、11 个县（井陉县、正定县、行唐县、灵寿县、高邑县、深泽县、赞皇县、无极县、平山县、元氏县、赵县）和 2 个县级市（晋州市、新乐市）。石家庄有文化名城、故国遗址、古寺名桥、革命圣地等多处珍贵的历史遗存。截至 2018 年，石家庄拥有全国重点文物保护单位 39 处，省级文物保护单位 102 处，市、县级文物保护单位 240 处，国家级历史文化名城 1 座。

第一章 井陉县

井陉县位于河北省西部冀晋交界处、太行山东麓，北临平山县，东部和东南部与鹿泉区、元氏县、赞皇县毗连，西部和西南部同山西省盂县、平定县、昔阳县接壤。井陉县是石家庄唯一一个辖区完全为山区的县，总面积为 1 381 平方千米，辖 10 个镇（微水镇、上安镇、天长镇、秀林镇、南峪镇、威州镇、小作镇、南障城镇、苍岩山镇、测鱼镇）、7 个乡（吴家窑乡、北正乡、于家乡、孙庄乡、南陉乡、辛庄乡、南王庄乡），共 318 个行政村。天长镇、于家村、大梁江村和小龙窝村等村镇入选中国历史文化名镇名村，河北省 12 个民俗文化名村有 9 个位于井陉县境内。井陉县的文物古迹众多，各个历史时期多有古迹遗存，如古长城、古城垣、古道路、古寺庙、古桥梁、古窑址、古石刻、古墓葬和古宅院等，展示了井陉乃至中华民族灿烂悠久的历史文化。

第一节 天长镇

天长镇位于井陉县西部，距井陉县城约 15 千米，地处交通咽喉，素有“燕晋通衢”之称。2008 年天长镇入选第四批中国历史文化名镇，2013 年被评为全国重点镇，2016 年被河北省政府列为全省重点培育特色小镇。

天长镇下辖 49 个行政村，其中梁家村、小龙窝村、宋古城村在 2012 年被列入第一批中国传统村落名录，小龙窝村在 2014 年入选第六批中国历史文化名村。2017 年，天长镇核桃园村、长生口村被列入中央财政支持范围的中国传统村落名单。2018 年，天长镇吴家垴村、庄旺村、板桥村、石桥头村、乏驴岭村、北关村被列入中央财政支持范围的中国传统村落名单。

截至 2018 年年初，天长镇共有全国重点文物保护单位 3 处（井陉旧城城墙、井陉窑遗址、井陉古驿道）和河北省重点文物保护单位 11 处（井陉城隍庙、井陉旧城、井陉文庙大殿、通济桥、龙窝寺石窟、唐家垴古墓群、皆山书院、天长镇大石桥、天长镇王家大院、乏驴岭铁桥、井陉日伪驻军旧址）。

天长古城

（一）镇域概况

基本情况 天长镇镇区中心为天长古城。天长古城北依太行山，西、南、东三面环水（绵河），依山就势而建，北高南低，北部浑圆，形似簸箕，旧称“簸箕城”。城中建筑具有典型的山城特色。

目前，天长古城原有规划布局保存较好，80%以上的古建筑保存完好。古城为对称布局，轴线清晰。城内保留的古建筑以明清建筑为主，部分为民国时期的建筑。古城中心为明代县衙，东有皆山书院，西有城隍庙及元代文庙。古城内私家宅第鳞次栉比，现存都堂府、许总兵府第、王家大院、蔡家大院及大量普通民居，均为青砖灰瓦坡屋顶的四合院建筑，它们轴线明确，秩序井然。

历史沿革 天长古城历史悠久，新石器时代此处已经有人类活动，在汉代形成村落。公元前 204 年韩信带兵伐赵时曾屯守于此。唐代安史之乱后这里开始设营驻军，天长古城遂成为著名的军城。宋熙宁八年（1075 年）此处始建县治，古称井陉县。自宋、金、元、明、清、民国至中华人民共和国成立初的 800 多年间，此处一直为井陉县治所在地，1958 年井陉县城才迁至微水镇。由于县城迁出，古城风貌得以较好地保存下来。

（二）空间格局

天长古城依山就势，山水相依，古道曲绕，城景交融。古城中部为丘陵地带，四周多为山区，北面紧临玉峰山，南面隔河与雪花山相望。三纵（南门街、城壕街、北关大街）一横（城内大街—东关大街）的主干道和鱼骨状巷道（台子巷、卢家巷、蔡家巷等）构成了古城的空间格局，特色商业街空间和传统居住街巷空间至今仍保持着原有格局。

（三）物质文化遗产

1. 传统民居

天长镇最具特色的古建筑当属天长古城内外的府宅民居，如王家大院、李鸣世府第、霍鹏府第、许国壁府第等。东门外的城壕街两侧为数量较多且保存较完整的清代民居建筑，东关大街、北关大街等处也有各具特色的明清民居。

（1）王家大院。王家大院（图 1–1–1~ 图 1–1–5）为保存完好的传统民居，坐落在天长古城内南门街西侧，占地面积约为 1 万平方米，为民国时期日伪县长王景岳的住宅。该院始建于明末，历经清代数朝，于民国初年扩建，成为一组构思新颖、建筑考究、布局巧妙的大型庭院建筑群。王家大院共有 10 余处套院，各院纵横交错，之间有小巷相通，整体平面布局为双喜字图案，既不失规整的秩序，又兼有幽雅的情趣。住宅建筑青砖灰瓦，雕饰精美，古朴素雅。王家大院正房下建有地道，可通往县衙、别院和城外。

（2）都堂府。天长古城内西部有明代都察院右副都御史、大同巡抚霍鹏的府第，又名都堂府（图 1–1–6），其建于明万历年间。都堂府原为六套三进院，占地面积约为 2 400 平方米，房屋均为砖木、石木混合结构。其旧时有南北两院，规模宏大，有房数百间和后花园一个。如今仅北院保存部分明代建筑，如白虎堂等，还有明代腊梅一株。

2. 公共建筑

（1）文庙。文庙（图 1–1–7）又称孔庙，位于县衙西侧，是古城内较大的一组建筑群。庙内由南至北依次为棂星门、状元桥、万世宗师坊、戟门、圣殿、崇圣祠等，建筑随地势

内院

南后院

图 1-1-1 王家大院 1

内院局部

二门

四合院

旁门

前院

图 1-1-2 王家大院 2

偏院

门楼局部

后院正门

门墩石鼓

门楼雕刻

门口石狮子

图 1-1-3　王家大院 3

图 1-1-4 王家大院墀头雕刻（组图）

图1-1-5 王家大院影壁及墙壁雕刻（组图）

后院

逐渐抬升。文庙内现存的圣殿（大成殿）为主殿，建于元代，殿侧有元代所植松柏。大成殿坐北朝南，建于高台之上，面阔 5 间，屋顶为单檐歇山琉璃瓦顶，殿顶碧瓦飞檐，四角凌空挑出，檐下斗拱硕大，出檐深远，内部采用内柱升高的营造法式。

前院

二院入口

大门

侧顶木雕

过道

图 1-1-6　都堂府

台阶

前院

前门

前院正门

古树

大成殿

图 1-1-7 文庙

（2）城隍庙戏楼和城隍庙。城隍庙戏楼（图 1-1-8）坐南朝北，与城隍庙正殿相对而建，为歇山顶穿堂戏楼，琉璃瓦顶中央突出一个四角攒尖亭，楼身面阔 3 间，进深 2 间，南面出卷棚抱厦。戏楼造型别致，具有极高的建筑艺术价值和观赏价值，有“华北第一戏楼”之美称。

城隍庙位于文庙西侧，始建于明代，清道光二十三年（1843 年）重修。城隍庙坐北朝南，由南端入口向北依次为八字墙、照壁、牌坊、钟鼓二楼、戏楼、东西亭房、大殿抱厦、东西配殿、寝宫等，现存正殿、戏楼和西配殿。正殿面阔 5 间，进深 3 间，为单檐悬山筒瓦顶、琉璃屋脊，见图 1-1-9。

正面

侧面

图 1-1-8　城隍庙戏楼

侧面

正面

图 1-1-9 城隍庙正殿

（3）县衙。历史上的县衙位于城内大街路北，坐北朝南。县衙建于明代，主要建筑曾有衙口、仪门、大堂、二堂和内宅。5 组建筑由南向北建在中轴线上，两侧用房对称布置。县衙大门为一石制拱形门洞，门前有照壁，两侧有侧壁，顶上建有歇山式钟鼓楼。大门内是仪门，为单层歇山式楼阁，面阔 3 间。仪门之内正面是大堂，为重檐歇山式屋顶，面阔 3 间。院中有一攒尖顶戒石亭，西侧为工部、刑部、兵部用房，东侧为礼部、户部、吏部用房。大堂之后为二堂，二堂为官员日常办公之地，两侧建有书房，二堂之后为内宅庭院。县衙布局体现了地方统治者的政事活动状况，反映了封建等级制度观念。随着时代的变迁，县衙几乎完全被拆除，仅存非常少的建筑，原址上建造了 3 层的欧式小楼，现景见图 1-1-10。

县衙遗存

原址现景

图 1-1-10 县衙现景

（4）皆山书院。皆山书院（图 1-1-11）为河北省重点文物保护单位，始建于清乾隆四十二年（1777 年），清末改为“县立高级小学堂”，民国时改为“县立高级学校”。皆山书院在古城东门内，东临城墙，南临大街，西临旧县衙。书院保存基本完好，其采用三进院落布局，北高南低，院内建筑为砖木、砖石混合结构，屋顶为硬山青瓦顶。大门两旁有倒座式街房 5 间，进门后是屏门。院内正房为讲堂，东西配房各 4 楹，分别为校长和教授的居所。通过台阶进入中院，东、西、北 3 面房舍为学生宿舍兼自习室，后院为仓库及图书室。

（5）显圣寺。显圣寺（图 1-1-12）位于天长古城北关外，西依天长岭，东依绵河。该寺始建于隋开皇五年（585 年），距今已有 1 400 多年的历史，是井陉最著名的佛教寺院。该寺于 1921 年重修。寺内建筑由南向北依次为山门、天王殿、大雄宝殿、毗卢殿等建筑，东西两侧有祖师殿、

傅汝风雕像

前院

前院入口

后院

中院

后院入口

图 1-1-11　皆山书院

僧寮及藏经楼等，组成长方形院落。寺内东侧为显圣寺历代僧人的墓地，其内砖塔、石塔林立。显圣寺东侧临近绵河处有金代华塔一座，名下寺塔，它同正定广慧寺华塔一样属于国内罕见的古塔。

（6）观音阁与小南门。观音阁建于小南门上，为廊柱重檐式临河阁，屋顶为重檐歇山顶。小南门始建于明万历年间，外嵌“山环水抱”石额及明隆庆时的“燕晋通衢”石额，内悬“杨柳一洒”木额。观音阁和小南门上见图 1-1-13。

西方三圣殿

鼓楼

天王殿庙门

寺内佛像

二门

图 1-1-12　显圣寺

背面

正面

小南门下部城门

观音阁内部

图 1-1-13　观音阁与小南门

（7）炮楼。炮楼（图 1-1-14）位于县衙北侧的高坡上，建于日军侵华时期，是控制天长古城全城的制高点，这里视野开阔，易守难攻。炮楼由石块砌筑而成，内部用混凝土浇筑，墙壁很厚，坚固异常。炮楼共建有 6 层（其中地上 5 层，地下 1 层），下 3 层为日军营房，有房屋 30 余间。主体建筑东端上部建有3层炮楼，每层平面均呈正方形，从下至上层层缩小，每面墙壁上均留有射击孔，下层南面可架设火力较强的枪炮。

远景

近景

图 1-1-14　炮楼

（8）女子学校。女子学校（图 1-1-15）是井陉县第一所女子中学，建于民国早期，位于城内大街中心医院东，占地面积约为 200 平方米。学校建筑为砖结构，既有中国传统建筑风格，又吸收了欧式建筑风格，是典型的民国时期的建筑。女子学校保存较好，现为居住场所。女子学校的建立对井陉县的妇女解放运动具有重要意义，对于当今社会也具有重要的历史价值。

图 1-1-15　女子学校

（9）玉峰山寺。玉峰山寺（图 1-1-16）建于宋景德元年（1004 年），主要供奉明灵王邳彤，又称“明灵王庙”。玉峰山寺占地面积约为 250 平方米，分为东、中、西 3 院，中院规模较大。正殿坐北朝南，面阔 5 间，进深 3 间。建筑采用砖石木、土坯混合结构，屋顶为硬山筒瓦顶，有银锭式垂脊，正脊有望兽，五架梁前施单步梁，墀头有砖雕装饰，门窗木雕花饰精美。大殿前有左右厢房，皆为卷棚瓦顶，旧时一为广生祠，一为僧寮。院大门临崖，建有石台阶。大门在 1921 年重修。

寺下桥洞

从寺门向内望

寺前石阶

寺门

图 1-1-16　玉峰山寺

宋古城村

（一）村落概况

基本情况 宋古城村位于井陉县西部山区的天长镇境内，由城内村、东关村和北关村 3 个行政村组成，是天长古城的核心和主体。宋古城村和天长古城密不可分，实为一体。

历史沿革 宋古城村的历史可追溯至汉代，距今已有 2 200 余年。公元前 204 年韩信带兵伐赵时曾屯守于此。2012 年宋古城村被列入第一批中国传统村落名录。

（二）空间格局

宋古城村选址考究，依山就势，背山面水。该村在东、南、西分别开有 3 座城门，分别为东门（东聚门）、南门（会源门）和西门（镇武门），东南角另建有小南门 1 座，城墙环似簸箕。这 4 座城门除西门外其余 3 座保存完好。小南门上建有观音阁。宋古城村现除城墙外，村内街道、民居、店铺等基本保持了原有格局。宋古城村的村落环境见图 1-1-17，民居鸟瞰见图 1-1-18。

（三）物质文化遗产

城内村以及东关村传统建筑分布集中，东关历史文化街区内主要有许总兵府、黄家大院、张家大院、古街坊店铺及其他传统民居。北关村传统建筑较少，历史建筑主要分布在北关大街，以明清古街坊店铺为典型代表。

1. 传统民居

宋古城村传统民居的院落布局以典型的四合院为主，主房和东西厢房主要是石券窑，亦称“石窑”，有的主房有夹层或者是 2 层楼，入口大门以传统砖木结构为主。

（1）秀才院落。民居秀才院落（图 1-1-19）内的建筑为砖木结构，部分被翻修。大门位于宅院东南角，正房设前廊，厢房低于正房。

（2）许总兵府。东关大街北侧有清康熙年间通州副总兵许国壁的府第，俗称许总兵府（图 1-1-20 和图 1-1-21），府第的保存情况较好。许总兵府始建于明万历年间，清康熙年间扩建，东西宽 16.5 米，南北长 150 米，占地面积为 2 475 平方米，有房屋数百间。府宅北临台子巷，依势而建，北高南低，约倾斜 30 度。整个建筑群轴线明确，左右对称，建筑飞檐斗拱，砖雕、木雕、石刻精美。临街大门

图 1-1-17 村落环境

图 1-1-18　民居鸟瞰

竖双狮，由南向北穿敞厅，依次为白虎堂、木雕垂花门。院落随地势抬升分低、中、高三阶七进院，北部高处有后门、花园等。这种递升的院落令人感觉颇具胜势。许总兵府现仅存一进院敞厅及白虎堂、三进院垂花门及东西配房、五进院正房、六进院正房及东西配房。

（3）霍宅。霍宅（图 1-1-22 和图 1-1-23）保存情况较好，为砖墙瓦顶，雕饰精美。宅院内有的房屋为平顶，部分门窗洞口呈拱形。

（4）蔡家大院。蔡家大院（图 1-1-24 和图 1-1-25）位于城内大街西段南侧，建于清道光至光绪年间，为士绅蔡举人宅第。蔡家大院院落成片相连，包含了若干个玲珑典雅的小庭院，众多房舍交错，别具特色。

内院

院落鸟瞰

大门

图 1-1-19　秀才院落

四合院

内宅绣楼

五进院

图 1-1-20 许总兵府 1

大门

侧门

图 1-1-21 许总兵府 2

宅院

大门

墀头雕刻

房脊雄狮

大门石墩

柱础

图 1-1-22 霍宅 1

宅院局部

窗户

图 1-1-23 霍宅 2

内院正房

大门

后院

图 1-1-24 蔡家大院 1

大门 1

大门 2

大门 3

图 1-1-25 蔡家大院 2

2. 历史环境简介

（1）护城河。护城河（图 1-1-26）绕村而过，流经村子西、南、东 3 面。

（2）古城墙。宋古城村现存的天长古城墙（图 1-1-27）始建于明洪武九年（1376 年），夯土成墙，周长约为 1.5 千米，高 11.6 米，厚约 4 米。明嘉靖九年（1530 年）土城墙被改筑为石城墙。城墙东、西、南 3 面为青石砌筑，内包土，开有东、西、南 3 门。南城墙保存情况较好。北城墙为土筑。东门城楼已经被拆除。西城墙现存部分高 6 米，门券已塌毁，只余门边的砖洞壁，瓮城不存，只存瓮城南门。

（3）井陉窑遗址。宋古城村共有两处古瓷窑遗址（图 1-1-28），分别位于城内村和东关村，称井陉窑遗址，为全国重点文物保护单位。古瓷窑分布面广，烧造时间长，文化内涵丰富。窑址先后出土了数量众多的瓷器精品。宋古城村的古瓷窑与邢窑、定窑、磁州窑并称“河北四大古窑”。

（4）古街巷。宋古城村内共有 16 条古街巷，几乎都保持了原有格局。大街主要有城内大街、东关大街、北关大街、南门街和城壕街，主街路面宽 5~7 米，现多为沥青路。巷道多以胡同为主，是居民住宅对外的联系

夏季护城河

护城河与南城墙

图 1-1-26 护城河

近景

远景

图 1-1-27 古城墙

通路，主要有卢家巷、台子巷、黄家巷、蔡家巷、毕家巷等。街道与巷道共同构成了该村的交通网络。古街巷见图 1-1-29。

（5）碑刻。宋古城村有石头碑刻共 6 块，小南门上的观音阁有 3 块，分别为清道光、清同治、民国年间重修观音阁的碑刻；显圣寺内存有 2 块，分别为清顺治、民国年间重修显圣寺的碑刻；皆山书院内有 1 块，嵌于墙体中，为清光绪年间的碑刻。其中 2 块石头碑刻见图 1-1-30。

（6）古井。古井（图 1-1-31）目前保存完好。由于村内已经实现了自来水入户，古井已废弃不用。

（7） 大石桥。大石桥（图 1-1-32）又名逸仙桥（因纪念孙中山先生过井陉停留并在此访问而得此名），始建于清乾隆四十五年（1780 年）。大石桥横跨绵河，东接东关大街，西接石太公路，是城关地区沟通绵河两岸的主要通道，为河北省重点文物保护单位。大石桥长 109 米，宽 6.4 米，高 8 米，全部用石料筑成。桥面两侧为 1 米高的石栏板，石栏板望柱上有 38 对神态各异的兽形石雕，它们做工精细，造型逼真。部分兽雕已残缺。桥两端各有一对巨型石狮子。桥面由巨石铺成，光滑平整。大石桥在历史上曾遭洪水冲毁，几经重修，虽已失去古桥原貌，但更加坚固。

图 1-1-29　古街巷

图 1-1-28　古瓷窑遗址（组图）

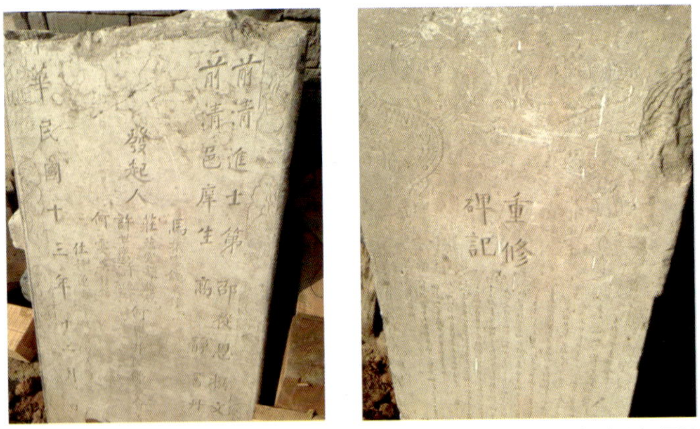

图 1-1-30　石头碑刻（组图）

图 1-1-31　古井

大石桥桥体

大石桥吸水兽石雕

桥端石狮雕刻

望柱上的石狮雕刻 1

望柱上的石狮雕刻 2

望柱上的石狮雕刻 3

望柱上的卧狮石雕

图 1-1-32 大石桥

小龙窝村

（一）村落概况

基本情况　小龙窝村位于河北省石家庄市井陉县天长镇，距井陉县城约 24 千米，距天长镇中心约 8 千米。小龙窝村占地面积约为 60.7 万平方米，村落内的古建筑、古巷、古街道、古树、古井、古碾磨构成了主要的物质文化遗存。小龙窝村 2008 年入选第二批河北省历史文化名村，2012 年入选第一批中国传统村落名录，2014 年入选第六批中国历史文化名村。

历史沿革　有碑文记载小龙窝村已有 900 余年历史，据传其建于公元 600 年左右的隋朝。清雍正年间的《井陉县志》中有“龙窝，在县西南二十里”的记载，龙窝来历之说有二。说法之一：“传神龙断路，货郎仗剑斩之。至隆庆间，大雨冲出枯骨一窖，约数百斤许。”龙窝村由此得名，后龙窝村又分为大、小龙窝两村。说法之二：小龙窝村周围群山环绕，从山势走向上看，极似九龙簇拥之地，因而山得名“龙山”，村得名“龙窝”。

小龙窝村原叫龙窝铺、龙窝村，村内龙山桥碑记载有“二十里铺龙窝村”之说。村庄兴于宋、明时期，明代起村人外迁，外迁的村民有的另建村庄，有的成为大户分散于晋、冀、豫多地。村内龙窝寺闻名遐迩，龙窝寺石窟上的菩萨龛造像可追溯至隋唐，历代文人墨客多有文墨留于寺内。民国年间此处设小龙窝乡，中华人民共和国成立后其隶属城关区长生口公社（板桥公社），撤区并乡后归天长镇管辖至今。小龙窝村的村落环境见图 1-1-33。

（二）空间格局

小龙窝村四面青山环抱，绿树成荫，渠水三面环绕，驿道穿村而过。村庄因山构筑，依势生变，风格古朴。村庄以层楼叠院、曲巷斜径为趣，以举架楼阁、碹石窑居为奇，院落毗连，街巷高低错落。石楼、石窑、石柱、石巷、石道共同体现了不陋不华的明清古村风貌。小龙窝村的街巷空间见图 1-1-34。

图 1-1-33 村落环境（组图）

桥头巷

龙泉街

枣园巷

榆坪巷

西场巷

图 1-1-34　街巷空间

（三）物质文化遗产

小龙窝村核心保护区面积约为 5.59 万平方米，现有较完整的明清古院落 45 处、房屋 800 余间、被公布认定的历史建筑 155 处。村内的典型院落有田字院、品字院、巨字院、尚武院等；公共历史建筑中保存较完整的有龙窝寺石窟、观音庙、三官庙、戏楼、宗祠等。小龙窝村的传统建筑中有大量的石雕、砖雕及脊饰，它们朴素而精美，见图 1-1-35。

1. 传统民居

小龙窝村的民居大多建于明末清初，院落以石头四合院为典型，多为木质举架承重结构。房屋不是传统的正南正北朝向，街巷也非横平竖直，而是顺山就势，高低错落，疏密有致。合院整体布局独特，功能划分明确，结构新颖，形式多样，院落连环相套，富有意趣。民居建筑多为 2 层，均为木质楼板、坡屋顶。正房与厢房墙壁上均有神龛，雕刻精美。庭院空间比较狭小，院子之间联系紧凑。房屋墙体材料以石头为主，墙厚达 1 米。房屋 1 层均为石拱结构，2 层为砖木或砖石结构。2 层建筑主要采用叠梁式木构架支撑。屋顶为平屋顶，并以筒瓦或灰渣覆盖，保温隔热效果好。传统民居四合院的雕饰以各种吉祥图案为主，如以蝙蝠、寿字组成的“福寿双全”图案，还有“子孙万代”“文房四宝”“福禄寿禧”等主题图案，展示了小龙窝村工匠高超的雕刻技艺及村民们对美好生活的向往。

（1）石楼群。石楼群（图 1-1-36）位于龙泉街，高 8~10 米，石墙、石柱、石门礅、石碹窑洞面街而建。石楼群建筑综合了居住、仓储、饲养等多种功能，冬暖夏凉，采用下窑上院的结构，单层的为窑洞，2 层的以平瓦房居多（也有窑洞），院落多为四合院。石楼建造因山就坡，不占耕地，就地取材，坚固耐用，通风良好，光照充足，是北方山区的特色建筑。

（2）袖珍院。袖珍院为明清特色建筑，因院子小巧而得名。其底层为石碹窑形式，是上层院落的基础。院内正房为石窑，厢房临街，门屋为瓦屋，厨房做隐壁，门前为凉台。茅厕、水井等设施齐全，结构独具特色，堪称山区建筑珍品。袖珍院入口见图 1-1-37。

（3）巨字院。巨字院为明清特色建筑，为两进院落。前院有单层瓦房，中楼通高 6.5 米，面阔 10 米，为硬山青

猫头吊环

正脊脊饰

垂脊脊饰

狮子门墩

立柱门墩

图 1-1-35 传统建筑装饰

布瓦顶、砖木结构。经左侧过道入后院，后院正房面阔 7 米，通高 4.5 米。该院有地窑 6 筒，门面向街，上下房组成石楼。巨字院入口见图 1-1-38。

（4）礓磜顶大院。礓磜顶大院（图 1-1-39）建于明末，有对称的东、西两院，因二十三礓磜而得名。大院建筑随陡坡建窑找平院面，有前后两进院落，就高台、筑横窑、插正房，依八卦布局。主房面阔 3 间，通高 7 米，碹石窑居为平屋面，厢房为 2 层砖木楼，为木质举架承重结构、硬山青瓦顶，有砖瓦混合花饰正脊、青砖墙体。后罩房旁有楼梯通向屋顶。大院为典型的北方四合院格局，内部建筑冬暖夏凉。

（5）槐岭尚武院。槐岭尚武院（图 1-1-40）始建于明末清初，位于村内西边巷与槐岭巷之间，因村内居民先祖尚武而得名。此院为"吕"字形二进式四合院，前后两院分别与两巷互通。前院厢房为碹石窑居，二进门屋为 2 层砖木楼屋，面阔 5 间，通高 6 米，为青瓦坡顶，垂花门楼朴素雅致，砖雕细腻大方；内院正房面阔 3 间，通高 5 米；厢房为碹石窑居，平屋顶，门洞、门柱、券脸、龙口精雕细琢，非常精美。

（6）枣园田字院。枣园田字院（图 1-1-41）为一门四组合院落，建于明末清初。进大门后纵巷并联 4 座院落（1、2、3、4 号院），形成多轴线的建筑群体，组合为单元式田字形四合院，且与 3 巷相连。各院均由碹石窑居与砖木举架楼屋组合而成，生活起居设施齐全。其中 1 号院主房面阔 3 间，通高 6.6 米，为木质举架承重结构、硬山青瓦屋顶，左右厢房分别为单层碹石窑居和 2 层木质举架楼房，院落典雅大方。

图 1-1-36　石楼群

图 1-1-37　袖珍院入口

图 1-1-38　巨字院入口

西院四合院

东院鸟瞰

图 1-1-39 礓礤顶大院

大门

（7）桥头品字院。桥头品字院为一门三组合院落，建于清代，由 3 座四合院组合而成，平面呈品字形。院落由碹石窑居平房与砖木结构坡顶楼屋组成。主房为石碹窑居，屋顶为平屋顶，面阔 3 间，通高 4.6 米，墙厚达 1 米以上，冬暖夏凉；东厢房面阔 3 间，通高 6 米，为 2 层砖木楼房，为木质举架承重结构，屋顶为硬山青瓦顶。桥头品字院南院和门前上马石见图 1-1-42。

砖雕 1

砖雕 2

正院

图 1-1-40　槐岭尚武院

局部 1

局部 2

局部 3

图 1-1-41 枣园田字院

2. 公共建筑

（1）龙窝寺。龙窝寺始建于北宋时期，寺周群山环列，山石嶙峋。寺院原有山门、大殿、僧舍等建筑，到清咸丰年间已颇具规模。龙窝寺被两座石桥分为东西两部分。东桥北有老爷庙，西有药王爷庙、玉皇庙，北、西两向庙接庙，屋挨屋，连成一片。桥上建有奶奶庙、真武庙，过两根盘龙柱，经 13 级台阶到桥下。桥下建有三官庙和东西禅堂。整个建筑群青砖古瓦，相互映衬，远望近观，其场景均甚宏伟。西桥北部天然成壁，壁面如刀切。因龙窝寺以前是晋通冀、京的必经之地，故曾享誉晋、冀、京三地。随着时光变迁，龙窝寺曾经的“古柏崖生、梵宇楼台”已在沧桑巨变中荡然无存。

上马石

南院

图 1-1-42　桥头品字院

（2）龙窝寺石窟。龙窝寺石窟（图 1-1-43）位于小龙窝村西约 500 米处，被列为河北省重点文物保护单位。整个石窟分布于一处南北长约 20 米、面西的断崖上，有小石窟 3 座、摩崖造像 12 龛、普通造像 80 余尊。南窟宽 2.5 米，深 4 米，高 1.8 米，内无造像。中窟在南窟北 3 米处，宽 1.8 米，深 1.7 米，高 2 米。窟内各壁共凿有高 0.22 米的圭形小龛 70 个，龛内各雕坐佛一尊。其中南壁 24 龛，龛侧均镌造像人题名。窟外有金大定六年（1166 年）的造像题记。北窟在断崖北端，内无造像。摩崖佛龛分布于中窟、北窟间的岩壁上，多为圆拱状，高 0.6~1 米。除宋代时所凿水月观音、骑象普贤菩萨、观音立像各一龛外，其余均为宋、金时期所凿单尊坐佛龛。龛群北侧有明、清大字摩崖题诗多处。

（3）戏楼。戏楼（图 1-1-44）建于明代，于清乾隆年间重修，建筑面积为 60 平方米。主台面阔 9 米，进深 4 米，后台面阔 5.8 米，进深 2.8 米。戏台基座、墙体由料石砌筑，屋顶为筒瓦硬山双坡顶，结构为木质举架承重结构。其与樊氏宗祠相对而建，中间为开阔的广场，是历代村民的娱乐中心。

图 1-1-43 龙窝寺石窟（组图）

（4）观音庙。观音庙（图 1-1-45）建于明代，位于穿村公路旁边，紧临双龙桥，面阔 3 间，为硬山布瓦顶，规模虽小，却香火不断。

（5）樊氏宗祠。樊氏宗祠（图 1-1-46）建于明代，占地面积约为 100 平方米，建筑面积约为 50 平方米，面阔 3 间，宽 9 米，进深 4 米，为青石基座、石木结构、硬山青瓦坡屋顶。小龙窝村以樊姓为主，每年春节樊家人都要来樊氏宗祠祭拜先祖。

图 1-1-44　戏楼

图 1-1-45　观音庙

3. 历史环境简介

（1）唐槐。小龙窝村有数棵千年古树，有古槐树、古黄连树、古乌叶树等。其中两棵古槐经专家认定为唐槐，树龄最大的一棵古槐树高 10 余米，冠幅 20 余米（图 1-1-47）。两株古槐历尽千年沧桑，树干虽已中空，但枝叶依然繁茂，显露出勃勃生机。

图 1-1-46　樊氏宗祠

（2）古桥。村内有两座古桥（图 1-1-48），分别为东桥和西桥。其中双龙桥为东桥，约有 500 年历史，目前保存完好，位于观音庙旁；龙兴桥为西桥，距今已有约 900 年历史。

（3）龙窝寺碑刻。清道光年间，礼部尚书、书法家祁寯藻（山西寿阳人）携母从京城回山西老家，途经龙窝寺，留下了一首七绝，即“龙窝寺底老龙眠，龙洞深藏别有天。但愿兴云作霖雨，莫教余怒决平川。”此诗刻于碑上，书法飘逸潇洒，目前此碑保存完好。清咸丰年间，军机大臣胜保从京城到山西私访，途经龙窝寺，于真武庙北墙壁上题了“畿陲灵境”四字，笔锋苍劲有力。以上两组碑刻见图 1-1-49。

（4）藏龙飞渡桥。藏龙飞渡桥（图 1-1-50）建于 1977 年。石拱桥中间大拱最宽处宽 45 米，两侧拱肩各有 5 个小拱。桥梁横跨 307 国道，造型大气、恢宏，由村民设计、施工建造。

图 1-1-47　唐槐

龙兴桥

双龙桥

图 1-1-48 古桥

胜保题字

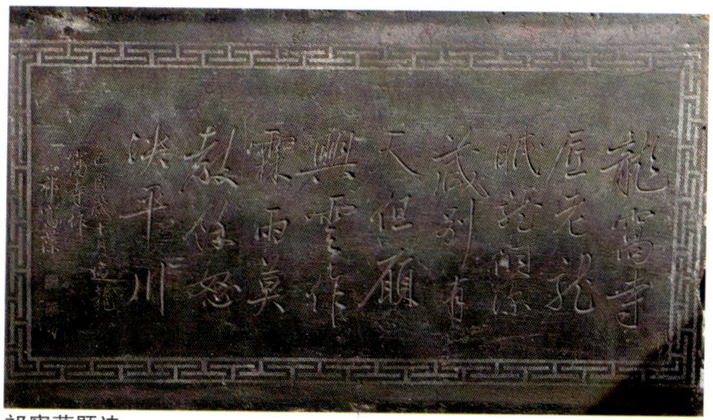

祁寯藻题诗

图 1-1-49 龙窝寺碑刻

图 1-1-50 藏龙飞渡桥

梁家村

（一）村落概况

基本情况 梁家村位于井陉县天长镇内，地处晋、冀交界的太行山腹地，周围群山巍峨险峻，沟壑纵横交错，村内山场广阔，古树参天。村庄坐落于北面山脚下，地势北高南低，南面和西面为沟壑，四周为山林所环绕，整个村落与周边的环境融为一体。2012 年梁家村被列入第一批中国传统村落名录。

历史沿革 本村梁姓始祖元末明初迁至本地立村，繁衍生息，此地人口逐增，村名定为梁家村。梁家村从建村至今已有 600 余年历史，其村落环境见图 1-1-51。

（二）空间格局

梁家村以一条古街为轴，旁生支巷，形成鱼骨状的街巷格局。街巷顺山势，东西向较平坦，南北向较陡峭。上街、下街为村内的主街，在南北方向贯穿村庄，其他街道东西向与其相连，诸多小巷在南北向与街道相连，整个村落与周围环境融为一体，体现了古人“天人合一”的建村思想。村中的街巷空间见图 1-1-52。

（三）物质文化遗产

梁家村传统院落的布局受山西与北京建筑风格的影响较多，讲究方正。民居包含正房、配房、东厢房、西厢房等，集中体现了我国北方民居的特点。明代的民居建筑多就地取材，材料均以石头为主，建成石房、石窑、石墙等。清代建筑所用材料较为丰富，砖、石、木、瓦和谐地应用于一栋建筑中，成为一种典型的建筑形式。村内现保存完好的传统院落有 35 处，保存完好的传统建筑有乌鸣楼、画楼、梁氏宗祠、关帝庙等。传统建筑上的雕刻、装饰精美，见图 1-1-53。

图 1-1-51 村落环境（组图）

1. 传统民居

（1）梁彦林院。梁彦林院（图 1-1-54）建于清代中期，坐北朝南，为木框架结构青瓦房，用青砖砌花墙，门楼砖垛有雕刻。院落分上下院，主房为石碹窑，由大块石砌墙，石头表面凿纵向直纹。石雕天地祠位于主房正门东侧。主房分东、西两房，原均为卷棚顶，房脊安有兽头脊饰。目前西房已被拆除。

（2）鹦墒拳房。鹦墒拳房（图 1-1-55）为清代中期建筑，以前为东户宗祠，后改为鹦墒拳房。其为一门两窗、木框架结构砖石建筑，有猫头筒瓦、多个脊兽。院落前面为练武场地。

（3）垂花门院。垂花门院（图 1-1-56 和图 1-5-57）建于晚清，位于沟边街。院落为三合院，主房坐北朝南，为三眼石券窑，大开窗，前墙成行砌成。东、西厢房为木石青砖建筑，采用木框架结构，有坡屋顶、猫头筒瓦、五脊兽头，院内以方石铺地。院子的离字门朝南开，门垛上方、两壁、椽头均有精美雕刻。门楼前挂有垂花木雕，中央刻有“寿”字，两边刻有凤凰、牡丹，雕刻古朴精美。

图 1-1-52　街巷空间（组图）

图 1-1-53 建筑装饰（组图）

（4）画楼。画楼（图 1-1-58）又称花画楼，位于村中心，由梁家村的梁显于清康熙六十一年（1722 年）建造。院子由青砖铺地，除临街建筑外，其他房屋全是 2 层建筑，为举架楼阁。主房坐北朝南，雕梁画栋，有五脊六兽，十分考究。后墙、山墙为砖石结构，内设立柱，前面从地面至 2 楼顶部都是木质结构，两根露明柱由石墩支撑直通 2 楼楼顶，墀头、雀替等处雕刻花草、动物、吉祥文字等多种纹样，雕刻技术精湛。有的木窗上部可旋转开启，方便通风。整座建筑古朴典雅，美观大方。

主房

厢房

图 1-1-54 梁彦林院

大门

外观

主房

图 1-1-55　鹦垴拳房

大门

东厢房

图 1-1-56　垂花门院 1

主院

西厢房

图 1-1-57 垂花门院 2

主房

主房木雕

图 1-1-58 画楼

（5）鸟鸣楼。鸟鸣楼（图 1-1-59 和图 1-1-60）建于清光绪年间，坐北朝南，依山而建，因人站在 2 层朝院中击掌，院中会传回类似鸟鸣的“吱吱”声，故得此名。四合院分为主院、前院、东院，主上房和配房全是双层框架结构，设有楼梯和走廊，有猫头筒瓦、五脊六兽，门窗雕花玲珑剔透。整个院落布局合理，美观大方，主院上房的房顶设有拦马墙。

东院

主院上房

图 1-1-59　乌鸣楼 1

主院

前院大门

前院

石阶

东院 2 楼走廊

图 1-1-60 鸟鸣楼 2

2. 公共建筑

（1）梁氏宗祠。梁氏宗祠（图 1-1-61）位于村中心，主房面阔 3 间，屋顶为硬山瓦顶，有脊兽，正脊为透空花脊。门楼古朴，顶棚上的彩画十分精美。大门上方悬挂“梁氏宗祠”匾，族谱被供奉于主房，逢年过节时有后人祭祀，香火旺盛。

（2）关帝庙。关帝庙（图 1-1-62）的地基为石砌的高台，主殿面阔 3 间，内有关公神像。每逢农历五月十三，当地会举行传统关帝庙会，村里人都会前来烧香祈福，并以社火的形式进行祭祀。

正堂

大门

门楼

图 1-1-61　梁氏宗祠

主殿

坡屋顶

图 1-1-62 关帝庙

3. 历史环境简介

（1）贞节牌坊牌匾。传说梁家村八甲（村内一户）梁氏女子曾做出过感动朝廷的事迹，为纪念此女，朝廷在村内中街建贞节牌坊 1 座，牌匾刻有“节凛冰霜”，同时选农历六月十九作为纪念日。后牌楼被毁，牌匾仍存，见图 1-1-63。

（2）永隆桥。永隆桥（图 1-1-64）位于梁家村村南，始建于清乾隆年间，后毁于大水，清嘉庆年间重修。永隆桥为三孔石拱桥，全部由附近山上的石头建成。

图 1-1-63 贞节牌坊牌匾

图 1-1-64 永隆桥

第二节 于家乡

于家乡地处河北省井陉县西部山区，距县城约18千米，地势西南高，中间低，平均海拔约500米，最高峰为与南障城镇交界的三棱垴，海拔891.1米。全乡青山环绕，重峦叠嶂，沟壑交错，一条大沟由西向东横穿全乡。于家乡辖于家村、史家村、狼窝村、当泉村、高家坡村、水窑洼村、南张井村、张井沟村、郝家坡村、康家村、张家村、樊家村12个行政村，其中于家村入选第三批中国历史文化名村。

于家村

（一）村落概况

基本情况　于家村是井陉县于家乡下辖村，地处井陉县西部山区。于家村建在太行山深处，四面环山，北高南低，西高东低，位置偏僻、隐蔽，建村至今已有500余年的历史。500多年来于家村人开山凿石，就地取材，利用丰富的石头资源修梯田、盖房屋、雕石器，营造了一个石头王国。整个村子就是一片石头天地，有石楼石阁、石房石院、石桌石凳、石磨石碾、石街石巷、石桥石栏等。全村六街七巷十八胡同蜿蜒3 700多米，均以石头铺就，民居楼阁均用石头砌筑，整个村落完整地保留了明清时期的建筑风格。

历史沿革　明成化年间于有道携家人在白庙山下定居，因建村时当地有一白庙，故取村名为白庙村。清初实行联庄制，以该村为核心组建白庙庄，后因于氏家族居住于此而更名为于家村。于家村自明代建村以来就属于井陉县，一直延续至今，现为于家乡政府所在地。

（二）空间格局

于家村背倚主山，东西两侧有小丘环护，在选址上基本体现出中国传统的建造格局，其村落环境见图1-2-1，民居鸟瞰见图1-2-2，街巷空间见图1-2-3和图1-2-4。于家村因建在一个四面环山的小盆地中，所以有“不到村口不见村”的奇特

图 1-2-1 村落环境（组图）

之处。于家村受中国传统环境观的影响形成了较为完整的村落结构，即经由村门及其他公共建筑到村落内部核心递进的向心结构。在长期的发展进程中，于家村较好地保存了传统的地方文化，村落景观也表现出很强的层次感。村落的内部空间秩序不是均质化的，而是有层次地展现出来，表现为村外、村内、民居、院落 4 个层次，这些层次又以街巷、节点等连续性的实体标志物或空间呈现。在村落的主要轴线——官坊街上分布有清凉阁、于氏宗祠、真武庙、大王庙、

图 1-2-2　民居鸟瞰

石头街

石头巷

图 1-2-3　街巷空间 1

擦石巷

张飞巷

狮子巷

大西街

图 1-2-4 街巷空间 2

戏台等公共建筑，并形成村落的公共空间，成为村中祭祀、娱乐和其他社交活动的场所。于家村的先人们对建房布局和街道设置都有明确规定，东西为街，南北为巷，不通的则为胡同，街宽 3~4 米，巷和胡同宽 2~3 米。街道两旁是一处处石头院落，家家相接，户户相连，点缀其间的还有深宅大院、高房绣楼、古庙楼阁。整个村落街随房走，规划有序。四时不同的花草树木将石街石巷装扮得生机盎然。

（三）物质文化遗产

于家村的传统建筑分布见图 1-2-5，传统建筑装饰见图 1-2-6。

1. 传统民居

于家村的传统民居以石券窑洞居多。高低错落的民居依山而建，院落布局以典型的四合院为主。村中有 300 多处四合院，大多坐北朝南，院落的大小、形状各不相同。院内地面大多用石板铺砌，洁净雅致，院内还有石桌、石凳、石槽、石阶梯、石砌井等。

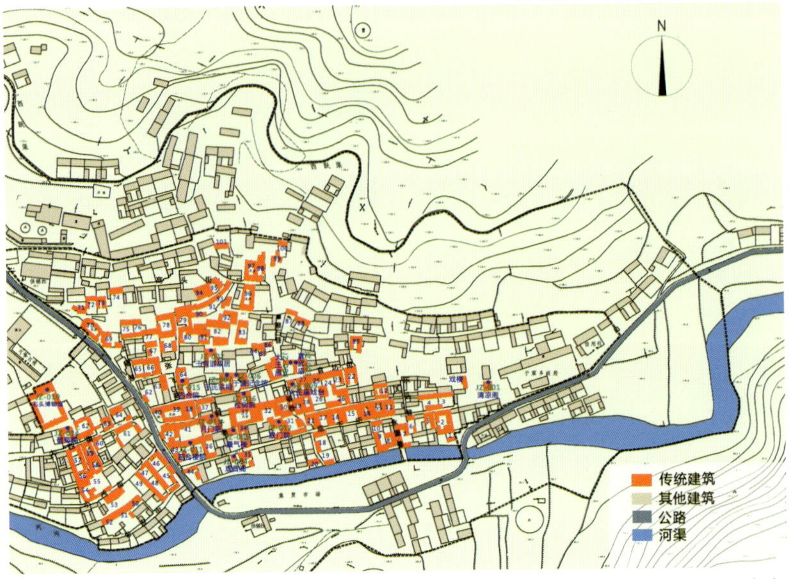

图 1-2-5　传统建筑分布

图 1-2-6　传统建筑装饰（组图）

于家村建筑的结构主要有两类，即传统砖木结构和石券窑洞结构。明清时期建造的瓦房为砖木结构，现仍保存有近千间，它们采用青石墙、灰瓦顶，古色古香，雅俗兼备。石券窑洞是当地特有的建筑。窑洞墙厚近 1 米，用加工过的石头垒砌，屋顶厚约 1 米，以天然石拱券。石头窑洞就地取材，无梁无柱，墙宽顶厚，左拱右券，结构奇特，坚固耐用，美观大方，冬暖夏凉。除了瓦房和窑洞外，还有一种介于两者之间的建筑，俗称无梁殿，其主体为石券窑洞，房顶或前檐扣瓦，屋内以石拱券，屋外以瓦飞檐，里看为窑洞，外看是瓦房，独具特色。

（1）四合楼院。于家村最具代表性的四合院是四合楼院（图 1-2-7 和图 1-2-8），其始建于明末，建筑面积近千平方米，有房屋百间，建筑多为上砖下石结构。四合楼院分为东、西两院，北高南低，3 面是楼。内堂正房下垫石台，高于其他建筑，高大宽敞。东、西厢房没有台基，东厢房是小姐闺房，西厢房为公子书房，南为厨房和门厅。西厢房后面建有一排小房，为长工房、磨房、库房、工具房、水井房等。中间院落形状前窄后宽，呈“八”字形，小院全由青石铺地，显得十分干净整洁。宅院大门开于院落的东南角，上有门楼，下有门洞，筒瓦飞檐，宽阔高耸。门槛两侧是石雕门墩，门外一侧设有拴马鼻和上马石。两扇黑漆大门上分别嵌有两对古式门钹，门板上有 4 行球形门钉。

东院一角

过道

后门

图 1-2-7　四合楼院 1

主院

东院大门

2 层

砖雕影壁

东院二门

院内天地祠

大门砖雕

图 1-2-8　四合楼院 2

（2）双门院。双门院（图 1-2-9）因一进门影壁两侧有两个拱券门而得名，其南房、东房和北房均为青石砌筑，窑洞建筑保存较好，西房为青砖砌筑，现已损坏。

（3）葡萄院。葡萄院（图 1-2-10）内的房屋为砖石木结构，屋顶由石板铺就，院内种植葡萄、盆栽花卉，干净整洁，是较为典型的四合院。

2. 公共建筑

（1）清凉阁。清凉阁（图 1-2-11）始建于明万历九年（1581 年），坐落在村东口，又名“神仙阁”，是于家村的标志性建筑。相传清凉阁拟建 9 层，但修建至 2 层时，修阁人于喜春悬挂石匾时砸伤手臂，随后病故，清凉阁只加建至 3 层。

清凉阁每层结构均不同，第 1 层为搭券四门式；第 2 层为石芯四室式；第 3 层为明柱回廊式。下面两层为全石结构，有石墙石壁、石拱石券、石梁石柱、石阶石栏、石门石窗、石鼎石案、石榻石龛、石磐石匾，比比皆巨石，累累成石山。顶层为砖木结构，面阔、进深各 3 间，四面为柱廊，屋顶为歇山琉璃瓦顶，古朴高雅。

清凉阁底层为石砌券洞，主洞为东西向，宛如城门，东门悬有风动石匾，西门高挂扇形匾，黑色底漆上书“清凉阁”3 个大字，南侧为透光窗洞，嵌有圆雕龙头。清凉阁上面 2 层皆为庙宇，最上层是玉皇庙顶，供奉玉皇大帝。第 2 层分 4 室：东室为三皇庙，供奉舜、禹；南室为三义堂，供奉刘关张（刘备、关羽、张飞）；北室为阎王殿，供奉阎罗王；西室为观音祠，供奉送子观音、痲疹娘娘和眼光娘娘。

高大的清凉阁不打地基，不填辅料，以天然石底为基础，从下至上完全干打垒而成。这些石块巨大，显得粗犷奔放，颇为壮观。

图 1-2-9 双门院

俯瞰

石阶梯

内景 1

大门

内景 2

图 1-2-10　葡萄院

正面

侧面

碑刻

观音祠

图 1-2-11 清凉阁

（2）于氏宗祠。于氏宗祠（图 1-2-12）是一处保存完好的石头四合院，其大门上方挂有金字大匾，上书“于氏宗祠”4个大字。宗祠大院北房（正房）为祠堂，建在高台之上，明间门额悬挂金字匾额，门两边挂有楹联，上书“基业远遗祖德恩泽大，藻苹时荐百世水源香”。祠堂正中设有于有道神龛，龛内牌位两侧是 4 条透雕金龙，牌位正中刻有“始祖于府君讳有道配贾氏神主”的字样。于有道有 5 个儿子，家谱分为 5 股，围帐制成的家谱上排列着逝者的名字。

（3）蜃气楼。蜃气楼（图 1-2-13）为一座建于清康熙年间的戏楼，坐北朝南，面阔 3 间，屋顶为硬山顶。基座石料堆垒方正，墙体由青砖垒砌而成，部分墙体上的饰面已明显剥落。前台 4 根楹柱上有木雕雀替，下有石质柱础。前后台之间有隔扇窗，隔扇正中为团刻的福禄寿禧图案，上方为“蜃气楼”木匾，两侧设上下场木门，东门上的木匾书写“引商”，西门上的木匾书写“刻羽”。戏台东侧有一硬山顶耳房，为乐人演奏处，未设柱，屋顶较戏台屋顶略低。

（4）真武庙。真武庙（图 1-2-14）始建于明嘉靖年间，位于村正中，坐北朝南，是村中最早建成的砖石结构四合院

祠堂正面

祠堂院落

图 1-2-12　于氏宗祠

庙宇。进庙要登 15 级石台阶，庙门首高悬“默会万真”金字匾额。迎门有 1.6 米高的八棱柱莲花香亭，每面刻有一句诗。庙宇正殿为筒瓦飞檐，屋脊上镶有浮雕式二龙戏珠装饰，殿内供奉金面真武大帝。院内原有 8 块石碑，现仅存 1 块。该碑记载了于家村的建村方略、村落方位等内容，虽经 400 多年风雨侵蚀，碑文仍十分清晰。

（5）于谦纪念馆。于谦纪念馆是为了纪念于氏先祖、明代政治家于谦而建的纪念性建筑（图 1-2-15）。院内建筑为硬山瓦顶，由石头砌筑，门窗洞口上方砌成拱形，正房立于台基之上，高于厢房。馆内共设有于谦伟绩、少保遗产、承前启后 3 个展示区。于谦的生平事迹和人格魅力时刻引领着后人。

图 1-2-13 蜃气楼

正殿

大门

图 1-2-14 真武庙

大门

院落

图 1-2-15 于谦纪念馆

（6）石头民俗博物馆。于家村在 1998 年建造了石头民俗博物馆（图 1-2-16），作为集中展示、弘扬石头文化的场所。博物馆汇集了天然的奇异石头以及展示村民石雕技艺的明清古石器等物品，展品均由本村村民提供，反映了于家村几百年来的文化积淀。石头民俗博物馆入口为石拱门，门上方镶嵌“石头民俗博物馆”黑底金字匾额，宽敞的院内陈列了各种奇石。

庭院

影壁

图 1-2-16　石头民俗博物馆

3. 历史环境简介

500 多年来，于家村留下了各种石头碑碣 200 多块。这些文物中有一部分不仅撰文精当，书法秀美，雕刻精细，而且记载了于家村的百年历史，极其珍贵。这些石碑大部分已毁坏，现在保存较为完整的仅有几十块，如明万历年间的“建阁铭”碑、清同治年间的“整敕村规”碑、清光绪年间的修道碑和“祖德实禄”碑、清顺治年间的建庙碑、清康熙年间的建歌楼碑、清乾隆年间的“柳池禁约”碑、民国初年的建校碑和修建祠堂碑等。村内的真武庙石碑刻于明隆庆元年（1567 年）。该碑为建庙碑，已有 400 多年的历史，碑文记载了于家村的建村方略、建村方位以及于家村原名“白庙村”等村史。观音阁石碑刻于清顺治七年（1650 年），现保存于观音阁。“柳池禁约”碑文写于明嘉靖年间，其碑刻于清乾隆三十九年（1774 年），现保存于石头民俗博物馆内。村内部分石碑见图 1-2-17。

“整敕村规”碑

重塑像碑

建庙碑

真武庙石碑

观音阁石碑

“柳池禁约”碑

图 1-2-17　石碑

第三节 南障城镇

南障城镇位于井陉县南部山区，共有 14 个行政村，总面积约为 103 平方千米。省道宜沙公路横贯南障城镇南北，故此处是通往国家级风景名胜区苍岩山的必经之地。

南障城镇是井陉县晋剧团的发源地，辖区文化底蕴深厚，属河北省太行山革命老区宣传文化工程重点乡镇之一。其中大梁江村被评为中国历史文化名村，吕家村入选第一批中国传统村落名录，吕家村和小梁江村被评为河北省历史文化名村。

大梁江村

（一）村落概况

基本情况 大梁江村位于井陉县西南晋冀交界的太行山腹地。由于山的屏障形成了天然的阻隔，加上地处晋冀交界的偏僻之处，大梁江村历经数百年而未遭战火，古风古貌得以完整保存。元末明初，大梁江村的祖先砌石为居，逐渐繁衍出一处“晋冀合璧，巧采京华”的村落，享有“大山深处的乔家大院”“太行历史民居博物馆”等雅称。村里至今有保存完好的明清古民居院落 162 处，周围石山的石头常被村民取之为材，用于修建房屋。大梁江村 2005 年被评为井陉县民俗文化村，2008 年被评为河北省历史文化名村，2010 年入选第五批中国历史文化名村。大梁江村的村落环境见图 1-3-1。

历史沿革 大梁江村始建于元末明初，当时有康姓、王姓几家在此居住。据村内所存龙王庙碑记载，大梁江村在明时属山西省太原府平定州管辖，名为甘桃村。明万历年间，从山西平定州西棋盘街迁来的梁姓人家在此定居。后又有梁氏家族逐渐迁入，梁氏子孙不断繁衍。梁姓家族在村内逐渐壮大，后来梁姓人口占了全村人口的 90%。清朝中期，梁氏出了一个武举人梁深，自此梁家成为本村的望族，村名也改为大梁江。由于自然原因，该村自古水源奇缺，人畜饮水及粮食耕种皆靠自然降雨，故自古以来村民皆惜水如金，盼水之情代代相传。大梁江的村名即源于人们对水的珍惜及对雨水的祈盼。自古以来，大梁江村皆属山西管辖。1959 年，大梁江村连同附近的 4 个村一并由山西平定县划归河北井陉县。如今，大梁江村仍然保留了不少山西的民风民俗。

图 1-3-1　村落环境

（二）空间格局

大梁江村的规划建设深受中国传统思想影响。大梁江村处于群山环绕之中，在村北，太行山的 3 条分支延伸过来，大梁江村位于中间的分支上，当地老百姓有句顺口溜叫“大梁江赛过金銮殿”。村子所处的环境体现了“纳”与“藏”的关系，即村落的主要入口方向相对开敞，表示能“纳”天地之气；山势围合的生活环境形成半开敞空间，起到“藏”的作用。村民在建房时秉持“借天不借地、天平地不平”的理念，依山就势，在起伏的地形上建造房子，减少对地形的破坏。村内街道主要有上街、下街、中街以及 5 条巷子，大的宅院一般顺应地形呈阶梯式分布。大梁江村在历史上曾北有文阁，南有关帝庙，东有宏阁（现已不存），西有泰山庙。南面的村阁立于村庄入口处，既有城门之用，又有镇邪之意，在实际功能上和心理上都能满足村民的需求。村内最重要的寺庙——关帝庙位于大梁江村南部，是镇村之宝，香火不断。大梁江村选址及布局分析见图 1-3-2，民居鸟瞰见图 1-3-3 和图 1-3-4，街巷空间见图 1-3-5。

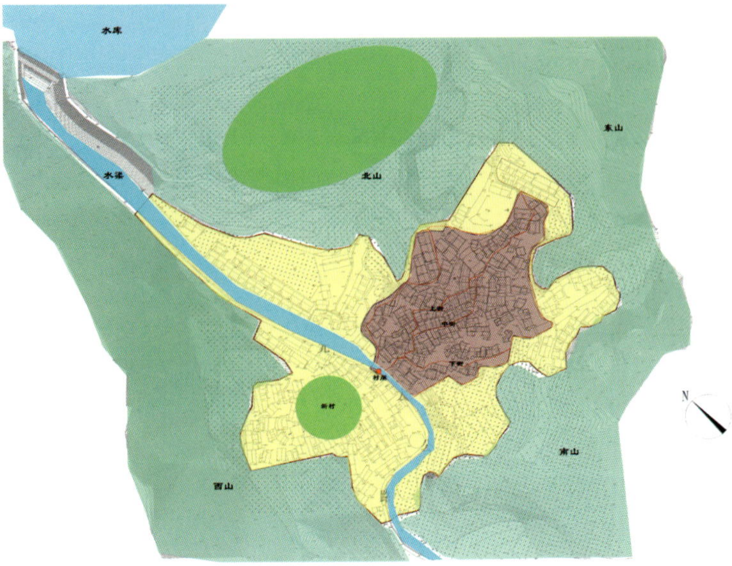

图 1-3-2 村落选址及布局分析

图 1-3-3 民居鸟瞰 1

图 1-3-4 民居鸟瞰 2（组图）

（三）物质文化遗产

大梁江村的房屋墙体材料以石头为主。这种石头建筑主要采用叠梁式木构架支撑。建筑的墙体材料除了石头外，还有当地烧的青砖。石材均选自当地，有的原石未动，有的錾迹斑斑，砌筑方法有干砌和浆砌两种。屋顶覆盖当地烧的筒瓦。

大梁江村四合院建筑的屋脊、梁柱、栏杆和门窗都有丰富的雕刻装饰，展示了大梁江村能工巧匠们的精湛技艺和当地的深厚文化。四合院的雕饰图案以各种吉祥图案为主，如以蝙蝠、寿字组成的“福寿双全”图案，以月季配花瓶寓意“四季平安”的图案，还有“子孙万代”“岁寒三友”“福禄寿禧”等主题雕饰，展示了大梁江村人民对美好生活的向往。村内建筑上的装饰见图 1-3-6。村内的各类建筑分布见图 1-3-7。

图 1-3-5　街巷空间（组图）

图 1-3-6 建筑装饰（组图）

1. 传统民居

大梁江村的传统民居以明清两代的建筑为主。162 处明清风格四合院落的 3 000 多间房屋（全部由砖石建成）依坡就势，参差错落，古色古香，构建了古村落的基础风貌。村中院落以砖石四合院为典型，院落北面是正房，东、西两侧有厢房，南面是大门和南房。正房中间一间为客厅，左右两间为长辈居住的卧室，东、西厢房为子女住房，南房多为储藏室。

（1）梁玉兴民居。梁玉兴民居（图 1-3-8）建于明末清初，是 1 栋四合楼，现保存完整。正房下层为石券洞室，居室宽敞。整座建筑古朴典雅。登上石阶，即到正房楼上，正中为 4 扇花棂木门，2 根明柱分立左右。两侧槛墙上全部安装着花棂窗扇。中间院落形状前窄后宽，呈"八"字形，院内地面全部由青石铺砌。

（2）梁启良民居。梁启良民居（图 1-3-9）始建于清代，由梁深的孙子梁跃堂所建，建筑面积为 125 平方米，为砖木石结构，现保存完好。2 层民居以青砖作为墙体材料，以白灰作为装饰。这座宅院房屋布局高低对称，是一处月字院，即 3 面有房、北面无屋。当时梁跃堂在北京经商，他建此房时吸纳了北京民居的部分特色，打破晋商下建石券窑洞的形制，将南房改为正房，并设置了木门式屏风。京味十足的垂花木雕门、精雕细刻的抱鼓石无不透露着当年建造者的巧思。

（3）武举大院。武举大院（图 1-3-10~ 图 1-3-12）建于清代，因梁深考中武举人而得名，院门上悬挂"武魁"匾额，整座院落规模较大，气势威严，是大梁江村最豪华的四合院。武举大院俗称"一宅九院"，占地面积为 6 000 多平方米，建筑面积为 15 000 余平方米，有房屋百间。9 个四合院各有门户，又互相连通，可从一家进而走遍全院。大院依南低北高的地形顺势而建，站在最高的院子向下望去，大院平面呈"奎"字形，变化的地势使得人们穿行各

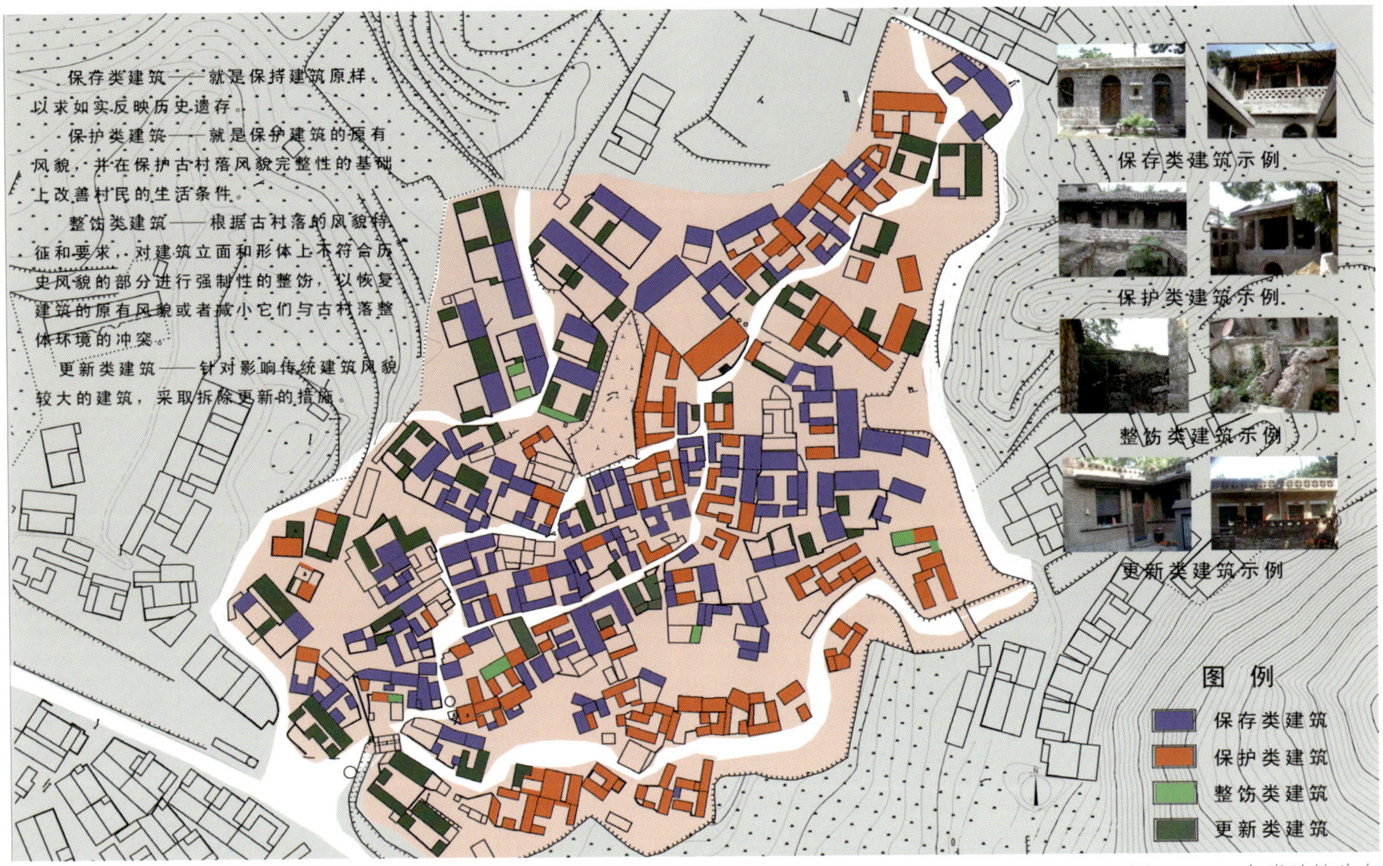

图 1-3-7　各类建筑分布

内院　　大门

图 1-3-8　梁玉兴民居

个院落时颇感有趣。武举大院的房屋为砖石木结构、硬山瓦顶。门墩石鼓、门窗瓦顶处处有栩栩如生的雕刻，反映了古代工匠的高超技艺。整个武举大院有一套完整的排水系统，每个大院角落里都会开一个洞，用来排出院内废水，各院废水最后都会从最南面大院的排水沟里流出。

（4）梁邓可民居。梁邓可民居（图 1-3-13）始建于清代，建筑面积为 102 平方米，为砖石木结构、硬山瓦顶。宅院整体布局独特，功能划分明确，建筑结构新颖，是大梁江村民居建筑的典型代表。

山墙开窗

院落

图 1-3-9 梁启良民居

图 1-3-10 武举大院全景

南面房屋远景

东院房屋木门

“武魁”大门

图 1-3-11 武举大院局部 1

大门门墩

南面房屋近景

图 1-3-12 武举大院局部 2

内院

大门

图 1-3-13 梁邓可民居

2. 公共建筑

（1）关帝庙。关帝庙（图 1-3-14）自建成以来香火不断。庙墙上书写“贪”字，贪为怪兽，吃金银还想吃月亮，因天高够不着，以此告诫人们不论职位高低、贫贱富贵，都不能贪图钱财、贪得无厌，否则将遗臭万年。关帝庙现存一座碑，碑上记载了大梁江村的建村方略、村落方位等内容。

（2）古戏楼。全村目前共有两座古戏楼，其中一座建于明末清初。另一座古戏楼（图 1-3-15）位于五道庙旁，建于清乾隆二十年（1755 年），面阔 5 间，有筒瓦坡檐。古戏楼基座石料堆垒方正，下有石拱涵洞，墙体由青砖砌成。擎起戏台的 4 根石柱皆由整块石条打造，每根高约 3 米。

（3）梁氏宗祠。梁氏宗祠（图 1-3-16）于清光绪年间修建，祠中供奉着梁姓始祖梁标及梁姓列祖列宗。宗祠占地面积约为 300 平方米，共有房屋 15 间，是村落中保存比较完好的一处石头院。宗祠门楼较高，大门上悬“梁氏宗祠”木刻牌匾，经前院厢房至正院，迎面可见正殿建在石台基之上，其面阔 3 间，带前廊，有硬山瓦顶、木门木窗。

每年正月初一到正月十八，梁家人都会到梁氏宗祠祭拜先祖。祠堂内碑案家谱保存完好，从先祖梁标到现在的第 20 代，梁姓人的名字写满了长 3 米、宽 1 米多的布卷。

3. 历史环境简介

（1）涵洞。涵洞（图 1-3-17）始建于明代，现保存完好。涵洞从上街开始到中街，从戏楼下通过，最后到下街直至村外，绵延 2 000 余米。涵洞是在村内建筑下部用石头拱券砌成的，洞高不同，有的地方高约 0.5 米，有的地方高约 2 米，排水十分通畅。涵洞目前仍在使用，村庄从未遭受过洪涝灾害的威胁。

（2）村阁。村阁（图 1-3-18）坐落于村庄的南侧，始建于明代，最初用于防御，现保存完整。村落入口处的

图 1-3-14　关帝庙

大门

内院

图 1-3-16　梁氏宗祠

图 1-3-15　古戏楼

图 1-3-17　涵洞（左下角）

村阁扼村之咽喉，门洞拱券正上方石壁镌刻着“接脉通全”几个大字。从阁下步入村中，仿佛跨过历史的大门。

（3）古槐。大梁江村村口有棵老槐树，树干直径达 1 米。据专家考证，这棵古树已有千年历史，栽植于唐代。树的一侧悬挂着一块“善德”匾，匾下有香炉。据村民说，每年正月他们都要来此拜一拜。古槐树心早已枯朽，仅有部分存活。由于树干开裂，村民们用粗铁丝围裹对其进行加固，还用水泥砌起一座“拱门”来支撑摇摇欲坠的树干。尽管如此，古槐树每逢夏天依然绿叶成荫，亭亭如盖，见图 1-3-19。

（4）古井。村内的古井现已废弃不用，见图 1-3-20。

图 1-3-18 村阁

图 1-3-19 古槐

图 1-3-20 古井（组图）

吕家村

（一）村落概况

基本情况　吕家村位于井陉县城西南约 35 千米的晋冀交界处，隶属南障城镇，面积约为 8.69 平方千米。近年来，村内逐渐形成了“四位一体”的旅游文化发展脉络和格局，即以吕考勤院、吕聚怀院、吕拴科院及福寿院为主的明清老院，以古庙、古阁、古槐、古农耕器具、古家谱为主的特色民俗，以邓小平旧居、长生口战役指挥部旧址、抗战烈士纪念碑、晋奉战备防御洞、战备长墙为主的红色旅游景点，以深沟寨垴、洞宾山为主的自然景观。2012 年，吕家村入选第三批河北省历史文化名村，并被列入第一批中国传统村落名录。

历史沿革　据吕氏族谱记载，元末就有人在此处居住。明永乐年间本县南障城洪河漕吕氏迁居此处，以地名取村名为“汪儿村”，后因吕氏人丁兴旺，清顺治年间村名改为“吕家村”，沿用至今。吕家村建村至今已有 600 余年历史。明朝初年，吕兵拴院最先建成，随后各院落向四周发展，村子规模不断扩大。

（二）空间格局

一条道路将吕家村分割为传统民居区和居住新区。吕家村西靠山坡，东面为河流，村庄布局自由，依山势变化，较少有人工痕迹，整体结构保存完整，从聚落到街巷空间再到建筑单体都保留了原有的尺度。村落整体形态随地形高低错落，空间环境变化丰富。古村现存民居均为石砌一、二层平顶或坡顶建筑，平顶与坡顶混杂。古村建筑分布紧密而和谐，变化有序，采用密集型的山地立体布局方式。民居依山体等高线布置，随地形起伏错落，取得最大的立体空间。民居门前多设台，台体上设置大、小涵洞来放置杂物，尽最大可能地利用建筑空间。吕家村的村落环境见图 1-3-21，街巷空间见图 1-3-22。

（三）物质文化遗产

吕家村内保存有 76 处明清古建筑群，其中最具特色的有 12 处，保存完整的有 8 处。建筑群组合完整，宅院关系明确，布局灵活。院落因地就势，错落有致，吕考勤院、家谱院等 6 处院落可通过后门、阶梯、屋顶相连通，空间丰富，布局形式灵活。

吕家村民居建筑独具特色。宅院以北方四合院为基础，房屋就地取材、依山而建，筑为石窑，俗称“靠山家”，兼具黄土高原土窑冬暖夏凉的特点；另有小巧石屋、精致的木绣楼等作为点缀。村内建筑装饰独具特色，虽为农家小户，门、窗、檐角、影壁和室内隔断等，或有石雕，或有木刻，或有彩绘，处处体现着古村能工巧匠的精湛技艺。

图 1-3-21 村落环境（组图）

中街

中街入口

大槐树街

上街

图 1-3-22 街巷空间

1. 传统民居

（1）吕考勤院。吕考勤院（图 1-3-23）始建于清乾隆年间，在当地被称为“三滴水”院，因院落分为三进而得名。第一进院的南、北厢房均为单层；第二进院的南、北厢房均为 2 层结构（称为南楼、北楼）；第三进院的正房分上下两层，底层为石拱券窑，一明两暗，上层为木石砖瓦结构，两边带耳房。院内房屋全为瓦顶。从外向内看，建筑层层拔高，象征生活蒸蒸日上。“三滴水”院这种建筑格局在方圆百里独一无二。

（2）绣楼院。绣楼院（图 1-3-24）始建于清嘉庆年间，此院设抱厦门楼、木质屏风。堂屋及东、西厢房均为 2 层建筑。上房与西厢房底层都是石拱横窑，上层是木质结构，西厢房 2 层是 1 间绣楼，从石阶上到 2 楼，转过西厢房经门楼顶棚可到房顶。东厢房于 1932 年被拆除重修，后因年久失修，较为破败。

（3）吕拴科院。吕拴科院（图 1-3-25）建于清朝中期，与吕聚怀院（所在院落为家谱院）原属一家，后分为两家。此院在吕聚怀院里南窑顶上建起 3 间房屋。东部两间宽敞明亮，用于住人，西部 1 间因西厢房 2 层阴暗，成为暗屋，用于存放物品。进院后登层层石阶后直入堂屋，堂屋后墙留有出口，可通往吕聚怀院。

正房及 2 层厢房

全貌

图 1-3-23 吕考勤院

外观

东楼 2 层山墙和屋顶

北楼和西楼

绣楼院内三面皆楼

图 1-3-24　绣楼院

（4）吕增琳院。吕增琳院（图 1-3-26）又称新院，始建于民国初年，邓小平曾在此工作、生活过。此院为石头四合院，坐南朝北，大门为抱厦门楼，门厅为 2 层建筑，采用石墙瓦顶，设石砌屏风。北正门外、东南侧风道巷另开有东南侧门。南上房为石头拱券式石窑，共 4 间，以前曾分别为邓小平政委办公室、卧室以及警卫室、作战参谋室。东、西厢房为石券横窑，双门双窗，是指挥部科室人员的办公室。从东侧门进入，登 13 级石阶可抵达房顶。上房天地庙屏风石柱均有石刻楹联，此楹联与大门隐风石上的胖娃娃（已损坏）都是由曾经的主人吕温亲手雕刻的。大门外西侧有两方碾盘、一副磨盘，依稀可见大宅院昔日的富足。

（5）吕玉峰院。吕玉峰院（图 1-3-27）建于明朝末年，大门前有石砌台阶，迎门设砖石屏风。南窑、西窑为石拱横窑，西、南、北 3 面以前均为 2 层建筑，后毁于大火，仅余东面的 2 层阁楼。阁楼底层是里外两间石拱榨油坊，榨油坊向北 10 米是地窖碾坊。院内天地龛下有大块石几，门外有条形石槽。

院门

正房房门

正房台阶

正房

图 1–3–25 吕拴科院

（6）家谱院。家谱院（图 1–3–28）为吕聚怀院，建于清朝中期。堂屋石拱横窑上层为木质结构。此院的特点是里南窑，顶上倒坐（南边另有一小院，即吕拴科院）。外南窑是窑上窑，东厢房是 3 层建筑。清末民初时，东厢房被拆除，地基被东移，先变券起地窑，上边又盖起东楼与南窑，并修了门楼，保留至今。

（7）福寿院。福寿院（图 1–3–29）建于清末民初，为长生口战役后方指挥部旧址，因门庭镌刻“福寿”二字，故以“福寿”名之。其门楼为青瓦双坡顶、砖石木结构，门楼内侧设屏门。进入宅门后，需从屏门东、西两侧进院。福寿院的石墙、石房、石院别具特色，甚至上房月台、农家供奉天地的神龛都是由清一色的石头精雕而成的。东、西配房均为 4 间，双门双窗，正房为一明两暗拱券式窑洞，在月台东西向风道处各设一门。出东门北侧，紧靠上房山墙处建有一间小耳房，这是存放生产器具的小库。出西门可进入西院。攀石阶上至房顶，可进入上房。

西厢房

东厢房

北楼及屏门

大门

石阶梯

图 1-3-26　吕增琳院

内景

临街外景

南屋

图 1-3-27 吕玉峰院

图 1-3-28 家谱院

（8）吕兵拴院。吕兵拴院（图 1-3-30）又称石榴院，始建年代不详。据老人讲，在吕家的故宅院中，此院建得最早。堂屋为石拱横窑，上层是木质结构，攀石阶而上，出现的第 1 间房属过庭式，2 层隔扇与前墙取平。北厢房 2 层楼为平顶。曾获得朝鲜金日成勋章的战斗英雄、已故少校吕步谦就出生在此院。院内石榴树的树龄已近 200 年，至今仍枝繁叶茂。

西厢房

大门

院内景观

图 1-3-29 福寿院

图 1-3-30　吕兵拴院

2. 公共建筑

（1）玉皇阁。玉皇阁（图 1-3-31）始建年代已无从考证，据清光绪年间重修碑记载，此阁此前已大修过 4 次，一直雄跨于村口河道之上，为石头拱券楼阁，阁旁建有蓄水池。吕家村南临山场，每年雨季都会有大量的雨水从村前流过，但因为古阁和蓄水池的配置科学合理，再大的水也没有漫出过古阁道口，因此，玉皇阁被村民形象地称为“神阁”。这些设计也充分体现了乡民的聪明才智。

（2）关帝庙。关帝庙（图 1-3-32）正对村口，修建年代久远，周边房舍环绕，柏树高护。正殿为硬山筒瓦顶，面阔 3 间，带前廊，前廊一侧立有石碑一座，明间殿门上方悬挂着“正大光明”牌匾。如今每逢传统庙会，都会有成百上千的村民前来烧香祈福。

图 1-3-31　横跨河道的玉皇阁

图 1-3-32　关帝庙

第四节 南峪镇

南峪镇位于河北省井陉县西部山区，距井陉县城约 25 千米。其东南部与天长镇接壤，北临辛庄乡、小作镇，西与山西省毗连，西去 5 千米出省可至被誉为天下第九关的娘子关。南峪镇辖南峪村、地都村、王家岩村、张家峪村、岸底村、张家洼村、西梁洼村、北峪村、台头村、贵泉村、常坪村、东葛丹村、西葛丹村等 13 个行政村。南峪镇地势西高东低，境内山峦起伏、沟壑纵横，最高峰为大台垴，海拔 1 093.7 米。井陉县境内的主要河流——绵河穿镇而过，流经地都村、南峪村、西梁洼村、张家洼村、北峪村等 5 个村后进入天长镇境内。

地都村

（一）村落概况

基本情况　地都村隶属井陉县南峪镇，坐落于龙黄沟、峪沟出口处，东距井陉县城 27.5 千米，西与山西省娘子关相接。村庄为低山、丘陵地貌，绵河、绵右渠均穿村而过。草甸土分布于绵河两侧的低阶地及河滩上。村庄被绵河分割成南、北两个片区，其中传统民居主要位于南部片区中部。2012 年，地都村被列入第一批中国传统村落名录。

历史沿革　据《段氏谱书》记载，当年汉光武帝刘秀在此渡河，故村名为“帝渡”，后演变为“地都”。明成化年间，段增库由山西迁来此处立庄，段氏族人繁衍生息，故村中百姓以段姓居多，后又有李姓等其他姓氏村民迁入，使地都村初具规模。经过明清两代的发展，村庄在绵河南面的中心片区基本形成。民国时期，村庄在绵河以北的片区开始发展，形成以绵河为界的南、北两个片区。地都村原属山西平定县，1958 年因井陉县修建大型水利工程“绵右渠”而划归河北省井陉县管辖。

（二）空间格局

地都村四周环山，北面为福寿山，南面为南山，东面为东山，西面为西垴山，绵右渠穿过村庄南部。村北的绵河在东西向贯穿村庄，古时为村庄提供水源，也是村庄对外防御的天然屏障。绵河将村庄分割为南、北两部分，村庄沿地势呈东西向带状分布。村中的旧街是古时重要的轴线，有南北一条街、东西九条巷，故称“一街九巷石头路”。村内传统建筑皆沿旧街两侧而建，主要建筑类型为清朝传统民居，建筑整体风貌保存较好。村中现存古迹有西券门关帝庙、北券门真武阁和会心门等。地都村的村落环境见图 1-4-1，街巷空间见图 1-4-2，村内各种建筑俯瞰见图 1-4-3 和图 1-4-4。

（三）物质文化遗产

村中古建筑保存较好。几处古民宅和建于清代的东阁、西阁和真武阁保存均较完整，现在仍能正常使用。村东原有一座大王庙，因修绵右渠被毁，村南城墙岭上有地都长城遗址，其呈西北—东南走向。

图 1-4-1 村落环境（组图）

槐桥街

吉羲城小巷

唐家巷

临流阁巷

图 1-4-2　街巷空间

图 1-4-3 村中建筑俯瞰 1（组图）

图 1-4-4　村中建筑俯瞰 2（组图）

1. 传统民居

村中的古民居多为典型的明清四合院，坐南朝北，高低错落，布局考究，轴线分明；主房明快，厢房对称，门多院深，多设石围石阶、花格窗户、尖脊灰瓦、飞檐斗拱，显得精巧别致。正房尤为气派，多为 2 层楼格局，顶布筒瓦，中置花脊，设石阶高台、廊柱前檐、尖山式硬山顶。26 处代表性古民居古朴典雅，绣楼院等古建筑甚为经典。

村内有院必有雕，有石刻、砖雕、木雕等，雕刻形式有浮雕、透雕。雕刻品阴阳兼刻，细腻逼真，惟妙惟肖，各具特色。村里砖雕（图 1-4-5）、石刻（图 1-4-6）、木雕等建筑装饰艺术体现了封建等级制度，同时蕴含着“福禄寿禧”的吉祥寓意，亦是主人才情的流露。

（1）绣楼院。绣楼院（图 1-4-7）建于明代，为砖石木结构、硬山筒瓦顶。

（2）东山城四合院。东山城四合院（图 1-4-8）建于明末清初，为砖石木结构、硬山筒瓦顶。墙身、屋脊等处有精美的建筑装饰。

图 1-4-5 砖雕（组图）

图 1-4-6 石刻（组图）

入口

内院

图 1-4-7 绣楼院

上房石台阶

宅院 1

过厅

宅院 2

图 1-4-8 东山城四合院

2. 公共建筑

村内的主要公共建筑有观音寺、三阁（东阁、西阁和真武阁）、关帝庙及二祠堂（段氏祠堂和李氏祠堂）等。

（1）观音寺。有关观音寺（图 1-4-9）的记载可考至唐朝年间，该寺可谓千年古寺。其正殿主体为木结构，两侧偏殿为石质结构，正殿为硬山双坡筒瓦顶，正脊为透空花脊，面阔 3 间，具有典型的唐朝建筑特点。主殿和配殿损毁均较严重，瓦、柱上只能模糊地看出旧有的精美雕刻，可见观音寺必由当时的能工巧匠建造。观音寺内有多座碑刻，它们对研究太行山地区的宗教文化有重大意义。

大门

大佛殿屋顶

禅房窗户

子孙殿正脊中部“吉星高照”牌匾

图 1-4-9 观音寺

（2）真武阁。村庄北券门上建有真武阁（图 1–4–10），其作用是守卫村庄北大门，保护村庄安全。真武阁为 2 层楼阁，阁本身高 5 米，加上台基高近 9 米，屋顶为双坡硬山筒瓦顶，屋脊为透空花脊，面阔 3 间，梁和斗拱有精美彩画，整体保存良好。

（3）关帝庙。地都村西券门上建有关帝庙（图 1–4–11），其作用是守卫村庄西大门，保护村庄安全。关帝庙设计精巧，结构坚固，台基全部用整齐的石块砌成。庙下有高大宽绰的石砌拱形门洞，人、畜、车辆均可自由通行。石门背面上额刻有“晋陽（阳）分派”字样。关帝庙为双坡硬山瓦顶，有精美脊兽装饰，面阔 3 间，下方有花墙围护。关帝庙北侧设有通往楼阁的 16 级石阶，南侧路两边有低矮的石护栏。

图 1–4–10　真武阁

正面

背面

图 1–4–11　关帝庙

3. 历史环境简介

（1）绵右渠。绵右渠于 1968 年修建，是山西省和河北省重要的灌溉渠，担负着井陉县、井陉矿区和鹿泉区 20 个乡镇的 193 个村的农田灌溉任务。

（2）石刻及石碑。福寿山石刻见图 1-4-12。观音寺石碑记载了观音寺的修建年代及相关历史事件，见图 1-4-13。图 1-4-14 则为真武阁重修碑。

图 1-4-12　福寿山石刻

二龙戏珠碑

重修大佛殿碑记

图 1-4-13　观音寺石碑

图 1-4-14　真武阁重修碑

第五节　非物质文化遗产

井陉县民俗文化丰富，目前活跃在各个村落中的有戏剧、拉花、社火、高跷等艺术形式。每逢节庆、庙会，乡村艺术团就会在当地巡回演出，使村内洋溢着浓厚的山村乡土文化气息。在文化事业飞速发展的今天，地方艺术仍以其特有的魅力成为古村的骄傲，并被赋予时代的特色。

（1）井陉拉花。井陉拉花产生并流传于井陉境内。它起源于明清，类属北方秧歌，常见于民间节日、祭祀、庆典、庙会之时的街头广场演出，是河北省乃至全国久负盛名的民间舞种之一。2006 年，井陉拉花经国务院批准被列入第一批国家级非物质文化遗产名录。天长镇被命名为“井陉拉花基地”。传统井陉拉花有显著的艺术特色，以“拧肩”“翻腕”“扭臂”“吸腿”“撇脚”等动作为主要舞蹈语汇，形成刚柔相济、粗犷又含蓄的艺术风格。表演者所持道具各有其象征意义，如伞象征风调雨顺，包袱象征丰衣足食，太平板象征四季平安，霸王鞭象征文治武功等。

（2）鹦垴拳。鹦垴拳因梁家村以前叫鹦垴而得名，至今已有600多年的历史，为梁家祖传拳术。鹦垴拳刚柔并济，快慢得当，动作亮相、礼节请谢独具特色，表演形式丰富多样，具有很强的艺术性和观赏性（图1-5-1）。该拳不但可以强身健体，还可以用来护村、护家，为庙会保驾护场等。鹦垴拳法刚柔并济的独特套路在周边地区极为少见，它对研究中华武术有极高的价值。梁家鹦垴拳被列入河北省第四批省级非物质文化遗产保护名录。

图1-5-1　鹦垴拳（组图）

（3）社火。社火又称“耍社火”，是传统民间节日的综合性文化活动，包括舞蹈、杂技、杂耍、武术、鼓乐等。相传，花脸社火于600多年前在当地流传起来，主要表演《三国志》《水浒传》中的战斗场面以及明清至今的历史故事。逢年过节时，井陉县各个村镇的村民都会自发组织社火表演。表演社火的人物见图1-5-2。

（4）晋剧。晋剧是井陉县重要的地方戏曲，其代表演员有田桂兰、冀平、马玉楼、刘汉银、郭凤英、王宝钗等，代表剧目有传统戏《打金枝》《含嫣》等。晋剧的特点是旋律婉转、流畅，曲调优美、圆润、亲切，道白清晰、粗犷、嘹亮。小龙窝村的晋剧团以小龙窝村民为主，剧团组建至今已延续了300余年，故小龙窝村是井陉有名的“戏窝子”。晋剧表演见图1-5-3。平日村民剧团经常自娱自乐，见图1-5-4。

图1-5-2 表演社火的人物

图1-5-3 晋剧表演（组图）

（5）石头建筑技艺。相对于物质文化遗产，井陉县石头建筑技艺的传承更为重要，这也是于家村历史文化传承的根基。村里一面面石墙上，未经人工处理过的石头咬合得恰到好处，干打垒的石块之间勾搭得极其巧妙。改革开放以前，于家村家家户户几乎都有石匠，有的家里还不止一个石匠，技艺基本属于祖传。现在于家村的石匠还有很多，其中手艺精湛者数十人，但大都在 50 岁以上，年轻人极少。也正因此，于家石头建筑技艺在 2012 年被评为省级非物质文化遗产保护项目。图 1-5-5 为村民在凿石头。

图 1-5-4 村民表演

图 1-5-5 村民凿石

第二章 平山县

平山县地处河北省西部、太行山中段东麓，东与鹿泉区接壤，南与井陉县毗连，北与灵寿县交界，西与山西省接壤，是国家批准的环京津、环渤海开放县之一，是河北省石家庄市辖县，也是中国革命圣地——西柏坡所在地。平山县下辖 12 个镇（平山镇、东回舍镇、温塘镇、古月镇、南甸镇、岗南镇、下槐镇、孟家庄镇、蛟潭庄镇、小觉镇、西柏坡镇、下口镇）、11 个乡（东王坡乡、两河乡、大吾乡、三汲乡、宅北乡、北冶乡、苏家庄乡、上观音堂乡、杨家桥乡、营里乡、合河口乡），总计 717 个行政村，县政府驻平山镇。

第一节 杨家桥乡

杨家桥乡地处平山县西部山区，东与小觉镇交界，南与下口镇相连，西与山西省梁家寨乡接壤，北与营里乡毗邻。该乡下辖的28个行政村和7个自然庄分布在南沟、陈家沟、介石沟和石闫公路沿线。2012年，杨家桥乡大坪村、大庄村入选第三批河北省历史文化名村。2013年，大坪村、大庄村被列入第二批中国传统村落名录。

大坪村

（一）村落概况

基本情况 大坪村是杨家桥乡最西边的村子之一，位于晋冀交界之处，地处深山之中，被群山环抱。该村坐落在滹沱河洪水所冲聚起来的淤泥坪坝上，因此地平坦开阔，故名“大坪”。大坪村是一个完整的太行山区古村落，古建筑群以清代民居为主，集中成片地分布在村庄的中部，历史街巷脉络清晰。

历史沿革 据《平山县县志》记载，明嘉靖年间，山西洪洞县的百姓迁来此地建村，延续至今。

（二）空间格局

大坪村内街道的布置统一、规范，主要有前街、中街、后街3条街道和上巷、中巷（窑沟街）、西巷3条巷子，总长1 500多米，形成了形态完整、传统风貌连续的“三街三巷”的街巷格局。“三街”均呈东西走向，前街以现代建筑为主，有学校、办公楼、医务室、养老院和文化站，中街、后街主要以明末清初时期的建筑为主。“三巷”均呈南北走向，贯通“三街”。高低错落的街道纵横交织，古朴典雅的古宅院依坡就势，构筑了大坪村的基本风貌。大坪村的村落环境见图2-1-1，街巷空间见图2-1-2。

（三）物质文化遗产

大坪村地貌呈阶梯状，村内高差明显。古民居有20多处，其中保存完好的有13处，大多集中于中街一带，房屋与古树相邻，其建筑特点是依坡就势，随高就低。村内古老的物质文化遗产曾有老爷庙、龙王歇马殿，可惜它们已被拆除，现存的只有村北圣水坨山顶上的龙王庙。

图2-1-1 村落环境

图 2-1-2　街巷空间（组图）

1. 传统民居

村内的古民居多以二进院为主，前低后高。在村中央有一家风格独特的三进院，院落内建筑的材料以砖、土、木为主，特别是大门口的门楼全部采用木质结构，颇具古风古韵。装饰构件包括门楣、龙头吻兽、神龛、灯龛、抱鼓石门墩等，非常精美，展现了地方工匠的精湛工艺。传统民居上的装饰雕刻见图 2-1-3。

武进士院（图 2-1-4）建于清乾隆四十八年（1783 年），因有人考中武进士而得名。大门楼为木结构，木雕精美，庄严气派。三进院落古香古色，木制的门窗非常精美，二进门楼和二层绣楼虽已坍塌，但整个院落古风古韵犹存。

2. 公共建筑

公社大院（图 2-1-5）建于 20 世纪五六十年代，是村内社员处理日常事务，召开社员大会讨论、决定公社重大事情的场所。其建筑为单层，采用砖石墙面，门窗顶部呈拱形。

图 2-1-3　装饰雕刻（组图）

大门

3. 历史环境简介

大坪村的 3 棵古槐树自东南向西北方向依次排列在中街南侧，另外 1 棵古槐树位于后街中部。古树树龄大多在 500 年以上，最小的也有百年。它们至今仍枝繁叶茂，每年 5 月，槐花莹白，满街飘香。其中一棵古槐树见图 2-1-6。

内院

图 2-1-4 武进士院

图 2-1-5 公社大院

图 2-1-6 古槐树（组图）

大庄村

（一）村落概况

基本情况　大庄村位于河北省平山县最西部的深山区，为冀西太行山山地、丘陵地带山村。村庄东、西、南三面环山，山脉凹凸明显。村落平面呈长方形，具有保存较完好的农耕时代文化遗产和古老的农耕文化生态环境，是具有一定代表性的传统村落。2012 年，大庄村入选第三批河北省历史文化名村。2013 年，大庄村被列入第二批中国传统村落名录。

历史沿革　大庄村原是明末清初由山西省洪洞县大槐树村搬迁来的两个庄——张家庄、胡家庄合并而成的。两庄合并后曾名合家庄，后更名为庄子沟，最后定名为大庄村。1942—1945 年，大庄村曾是盂平县委、县政府所在地，村内每座老宅都有一段红色故事。

（二）空间格局

大庄村是空间格局完整的太行山滹沱河河畔古村落。村庄背靠卧龙山，北临滹沱河，位于滹沱河南岸的台地上。村民以山石、砖、木为材，结合地理条件依山就势、顺应自然，以“借天不借地、天平地不平”为原则修房建屋，将建筑融入周边环境。村中有集中成片的清代古民居建筑群，它们保存相对完整。“两街六巷”形成大庄村的主要街巷格局。“两街”是老街和后街，“六巷”是伙房巷、西巷、戏楼巷、中巷、东巷和东渠巷。大庄村的村落环境见图 2–1–7，街巷空间见图 2–1–8。

（三）物质文化遗产

大庄村的历史建筑包括古戏楼、盂平县棉纺厂旧址、司法科旧址、县政府伙房旧址、留守处旧址、张树芳宅、张海玉宅等。

1. 传统民居

村内有 30 多处保存完整的清末民初时期的古民居。这些建筑大都用石块垒砌台基，然后以石、土坯垒成墙壁，用木料搭建成叠梁式房架结构。传统建筑墙体平整，外观大方美观。平房顶用石灰、鹅卵石打实而成，瓦房顶用板瓦或筒瓦铺就，正脊用带有雕花图案的脊瓦排列垒成，装饰有脊兽。墙壁的四角底部一般用 4 块又大又方的码头石垒就，上面雕有吉祥文字，如“如日之昇（升），如月之恒”等。民居院落迎门处大都建有影壁，影壁由雕花砖块砌成，雕刻的花纹精美别致。有的影壁左右两侧有砖雕对联，如“南靠青山春常在，北依滹沱水长流”等。传统四合院鸟瞰见图 2–1–9。传统建筑细部精雕细刻，石雕、木雕、砖雕比比皆是，淳朴之中隐藏着富贵之气，并寄托着人们对美好、富庶、吉祥生活的向往和追求，建筑装饰见图 2–1–10。

图 2–1–7　村落环境

图 2-1-8 街巷空间（组图）

2. 公共建筑

（1）孟平县棉纺厂旧址。孟平县棉纺厂旧址（图 2-1-11）的房屋为单层砖木结构，正房建在高起的台基上，为硬山瓦顶，带前廊，与厢房围合出内院。

（2）司法科旧址。司法科旧址（图 2-1-12）的房屋为单层砖木结构，正房建在台基上，为硬山瓦顶，带前廊，与厢房围合出内院。

（3）古戏楼。古戏楼（图 2-1-13）坐落在村中央，是古代村民们娱乐及祈祷的场所。每逢过节或干旱求雨的时候，村民都要邀请本地或山西省一些唱西调秧歌或山西梆子的剧团来此演出。古戏楼为砖石木结构，面阔 3 间，屋顶为一殿一卷式勾连搭结构。

3. 历史环境简介

村内有烽火台遗址和古槐树，分别见图 2-1-14 和图 2-1-15。

图 2-1-9 传统四合院鸟瞰

图 2-1-10 建筑装饰（组图）

图 2-1-11　盂平县棉纺厂旧址

图 2-1-12　司法科旧址

侧面

屋脊

砖雕

柱础

图 2-1-13　古戏楼

图 2-1-14　烽火台遗址

图 2-1-15 古槐树

第二节 非物质文化遗产

平山县的传统民俗文化形式多样，内涵丰富。传统村落内的主要节日和活动有正月十五转灯、农历四月十五龙王庙庙会等。每逢过年过节，扭秧歌、跑旱船、踩高跷都是村内必不可少的娱乐形式。民间传统手工艺主要有荆编、竹编、刺绣、剪纸等。大坪村的刺绣很有名，明代中后期，刺绣由移民从山西洪洞县引入大坪村，经过多年的传承发展，村内刺绣从鞋垫、床垫、窗帘等发展到书画作品。以前，大坪村的刺绣品主要供家庭内部使用，有时也作为礼品赠送亲友。村内刺绣在清代发展至鼎盛时期，之后发展较为缓慢，现村内正在重新振兴这项传统技艺。除此之外，村内很多60岁以上的老人还掌握着其他一些传统手工艺，如逢年过节搭建柏枝排楼等。村民们的编织作品见图 2-2-1，刺绣作品见图 2-2-2，剪纸见图 2-2-3，手工编织荆条篮子见图 2-2-4。

图 2-2-1 编织作品

图 2-2-2 刺绣作品

图 2-2-3 剪纸

荆编篮子

手工编织篮子

图 2-2-4 手工编织荆条篮子及作品

第三章 鹿泉区

鹿泉区为石家庄市辖区，位于河北省中南部、太行山东麓。其原名为获鹿县,1994 年 5 月撤县设市,2014 年 9 月撤市设区，是石家庄市 3 个组团新区之一，总面积约为 603 平方千米。鹿泉区辖 9 个镇（获鹿镇、铜冶镇、寺家庄镇、上庄镇、李村镇、宜安镇、黄壁庄镇、大河镇、山尹村镇）、3 个乡（石井乡、白鹿泉乡、上寨乡）和 2 个省级园区（鹿泉经济开发区、绿岛经济开发区），区政府驻地为获鹿镇。鹿泉区内现存土门关、十方院、铁行会馆等多处文物古迹。

第一节 白鹿泉乡

白鹿泉乡地处鹿泉区西部山区，西依太行山，距鹿泉城区约 2.5 千米，东距省会石家庄市约 16 千米，地理位置优越，各项设施完善。全乡总面积约为 43.25 平方千米，下辖 17 个行政村。白鹿泉乡资源丰富，景点众多，境内交通便利，307 国道、石太高速、石太铁路、沿山公路穿境而过。2012 年，白鹿泉乡水峪村被列入第一批中国传统村落名录。

水峪村

（一）村落概况

基本情况 水峪村地处太行山东麓，东距石家庄市市区约 20 千米。这里三面环山，最高处海拔 600 多米，西侧的野山寨山峰挺拔，颇为壮观；东侧和南侧是石家庄市西山森林公园。水峪村在山北，龙泉寺在山南，村子与龙泉寺隔山相守。村中有一条小溪，将村子分成两部分，溪南为新村，溪北为老村。村内的民居都依山就势，散布在三山环绕的山坳中，民居建筑都由红石垒就，层层叠叠，错落有致。

历史沿革 据《获鹿县志》记载，水峪村始建于元代，距今已经有 1 000 多年的历史。现在村中主要有聂、梁、东、赵、刘、张等姓氏的百姓。目前水峪村共有 400 多户，1 200 多人，是白鹿泉乡人口最多的村子。

（二）空间格局

水峪村西北低，东南高，村庄整体结构保存较好，从聚落到街巷空间再到建筑单体都保留了原有的尺度，空间环境变化丰富。古村落和背景环境形成“山川—村落—河流—村落—山川”的关系，独具特色。水峪村的主要道路可用“两横五纵”来概括。“两横”指前街和后街，“五纵”为西街、西二街、西三街、中街和东街。水峪村的村落环境见图 3-1-1，民居鸟瞰见图 3-1-2，街巷空间见图 3-1-3。

（三）物质文化遗产

1. 传统民居

水峪村的石房多为 2 层小楼，1 层用来居住，2 层用来晾晒粮食和山货。户外的猪圈和厕所也用石头垒就，有的猪圈还垒成 2 层“小楼”。“三间房一处院，外面垒着个小猪圈”是村中石头院落的典型结构。老村石屋多为清末民初时期所建，带有山西民居的特点。古老的民居几乎都由没有经过打磨的原石盖成，虽经百年风吹雨打，依然十分坚固，见图 3-1-4 和图 3-1-5。

图 3-1-1 村落环境

图 3-1-2　民居鸟瞰

图 3-1-3　街巷空间（组图）

图 3-1-4 传统民居 1（组图）

图 3-1-5 传统民居 2

2. 公共建筑

观音堂（图 3-1-6）是一座建于明代的建筑，立于台基之上，采用硬山筒瓦顶，面阔 3 间。观音堂中存放着一块木匾，木匾上有“阳春白雪”4 个大字。这块制作于清代嘉庆年间的匾是当年郑家庄的戏迷送给水峪丝弦剧团的。观音堂香火旺盛，每年都会举办庙会活动。

3. 历史环境简介

水峪村的山涧中有多处泉水涌出，冬夏不竭，滋润了山上的树木，也为附近的村民提供了生活用水。据说水峪村约有 30 多处泉眼，村民们盖房子都选在水源附近。水峪村现仍保留两处完好的古井，一处位于后街东巷与后街交叉口，一处位于西二街上。其中一处为清代老井，井水距地面仅 1 米左右，清澈见底。石磨是古时村民常用的工具，现村内留存的石磨见图 3-1-7。

观音堂正面

观音堂夜景

图 3-1-6 观音堂

图 3-1-7 石磨

第二节 非物质文化遗产

鹿泉的水峪丝弦至少有 200 年的历史。丝弦剧团在清朝的时候被称为“戏坊”，据《获鹿县志》记载，清同治七年（1868 年），捻军进入保定，一些山西、陕西梆子艺人为躲避战乱来到鹿泉，将中音板胡等乐器传入鹿泉，同时水峪丝弦在演唱表演上也受到了各剧种的影响，于是又分成了东路、南路、西路、北路、中路 5 个支脉，获鹿丝弦属中路丝弦。每年农历正月十五和七月三十村里都会举办传统庙会，丝弦剧团会在村里的戏台开唱。演员都是普通村民，他们表演的丝弦保留了传统的“九腔十八调七十二哼哼”，人称“原生态丝弦”。丝弦表演见图 3-2-1。

图 3-2-1 丝弦表演（组图）

第四章　赞皇县

赞皇县隶属河北省石家庄市，位于河北省西南部、太行山中段东麓，与高邑县、元氏县、井陉县以及邢台市的临城县、内丘县毗邻。赞皇县县域面积约为 1 210 平方千米，地貌格局大体是“七山二滩一分田”。赞皇县下辖 2 个镇（赞皇镇、院头镇）、9 个乡（南邢郭乡、嶂石岩乡、南清河乡、西阳泽乡、黄北坪乡、许亭乡、张楞乡、西龙门乡、土门乡）和 1 个省级经济开发区（全省新型工业化示范基地）。县政府驻赞皇镇。

第一节 嶂石岩乡

嶂石岩乡位于赞皇县，因乡域内的嶂石岩风景区而得名，面积约为 143.60 平方千米。嶂石岩乡辖虎寨口村、野湖泉村、王家坪村、三六沟村、下大凡村、上大凡村、苏家台村、软枣会村和嶂石岩村等 9 个村。

嶂石岩村

（一）村落概况

基本情况 嶂石岩村是一个行政村，由嶂石岩、石人寨、西格台、狼尾巴坪、庄户（东掌）5 个自然村组成。嶂石岩村在赞皇县城西南约 55 千米处，位于河北省、山西省两省在太行山东麓的交界处。嶂石岩村位于嶂石岩景区内，是环省会休闲游憩带和太行山旅游带上的重要节点，2013 年被列入第二批中国传统村落名录。

历史沿革 嶂石岩村周围山峦层叠，因处于嶂石岩群山环抱之中而得名。嶂石岩村始建于明代后期，由原住居民、移民、避难者聚集而成。1972 年，河北省科学院地理研究所郭康等考察太行山时发现了一种气势恢宏的红崖长墙砂岩地貌，后经多年考察研究，正式将该地貌命名为嶂石岩地貌，其与湖南张家界的“张家界地貌”、广东仁化的“丹霞地貌”并称中国的三大砂岩地貌。该地貌有雄浑壮阔、丹立翠横、三层叠起的赤壁红崖，每层高 100~150 米，南北长数千米，颇为壮观。

（二）空间格局

嶂石岩村内有嶂石岩大道、尚书路、九峰路等街道，街道开阔，四通八达；数 10 条巷道密布，相对狭窄，最窄处不足 1 米。村内街道多为不规则的弯曲形态，空间富于变化。村庄保留了典型的太行山山村特色，村内石头路纵横交错，石头房子参差错落，古朴典雅。山村户外山奇树碧，风景如画。

（三）物质文化遗产

1. 传统民居

村庄内民居呈插花式分布，新旧建筑交错而建。旧民居建筑多为石木结构，选址随意，缺乏统一规划。近年来，随着旅游业的发展，新建建筑逐渐增多，村民们建新房子时热衷于盖砖房、贴瓷砖，这在一定程度上影响了村庄的整体风貌。此外，新建建筑还有逐渐向村庄外围扩散的趋势，使得村庄面积不断扩大。同时由于资金短缺，部分老建筑年久失修，有的已坍塌，有的存在坍塌隐患。村内的传统民居见图 4-1-1 和图 4-1-2。

图 4-1-1 传统民居 1（组图）

图 4-1-2　传统民居 2（组图）

2. 公共建筑

（1）槐泉寺。槐泉寺（图 4-1-3 和图 4-1-4）旧称石佛寺，位于嶂石岩西北纸糊套景区腹地，始建于唐代，元代重修，明嘉靖六年（1527 年）改名为淮泉寺，后演变为槐泉寺。清代时寺庙遭遇山洪，后历经数次重修。槐泉寺坐落在高大的台基上，被高山苍松环绕，黄瓦红墙，古色古香。

（2）玉皇庙。玉皇庙（图 4-1-5）正殿建于台基之上，采用硬山琉璃瓦屋顶，面阔 3 间，带前廊。

（3）圆通寺。圆通寺（图 4-1-6）又名乳泉寺，创建于元代，明代重修，后毁于清代一场山火。后建的圆通寺位于嶂石岩村西北嶂石岩第 2 层陡崖，像悬空寺，背依危崖，下临深壑，故有“岩半花宫”之称。寺旁绝壁上绘有观音画像，寺前有明弘治年间的残碑，上刻《重修圆通寺碑记》，寺南侧有明万历年间的残碑，上刻《嶂石岩封疆记》，南侧悬崖绝壁上留有明礼部尚书乔宇所书的“嶂石岩”摩崖石刻。

侧门

石碑

图 4-1-3　槐泉寺侧门及石碑

院落

远景

图 4-1-4 槐泉寺院落及远景

图 4-1-5　玉皇庙

3. 历史环境简介

（1）石磨、石碾。尽管村中早在20世纪70年代就通了电，但石磨、石碾仍然被当作粮食加工工具使用，用它们加工出来的小米面、玉米面、山药面别具风味，为国内外游客所喜爱。村中的石磨和石碾见图4-1-7。

（2）天然回音壁。嶂石岩景区中部有一处半环形的山林景观，弧形的崖体围成了一个半桶形，弧长300多米，弧度达到250度。其以绵延之长、弧度之大、回声之清晰而闻名于世，是世界上最大的天然回音壁，1997年被收入《吉尼斯世界纪录大全》。回音壁见图4-1-8。

远观圆通寺

寺内供奉的观音像

图 4-1-6　圆通寺

图 4-1-7　石磨和石碾（组图）

图 4-1-8 回音壁

第二节 非物质文化遗产

赞皇县的非物质文化遗产包括传统戏剧、民间舞蹈、传统手工技艺、民间文学等。

（1）赞皇铁龙灯。赞皇铁龙灯起源于明末清初，是一种流传于赞皇县赞皇镇境内的具有独特风格的民间舞龙艺术。在中国民间舞龙中，常见的舞龙道具是一条完整的龙，而铁龙灯则是把整个龙分解成 16 个大灯笼，形成独特的形式。铁龙灯每组由两条龙组成，每条龙分别由龙头、龙尾和代表龙身的 14 个龙球组成，每个龙球由 24 个钢圈组成，28个龙球由28个人表演，俗称二十八宿，另配有龙珠、龙门、云片、虾兵蟹将、烟火灯光等，舞起来环环紧扣，可分可合，变幻无穷。赞皇铁龙灯各种队列造型可任意组合，有“鱼跃龙门”“刘海戏金蟾”“二龙戏珠”“双龙盘玉柱”等 20 多个花样。夜间表演时，龙头、龙尾和 28 个龙球组成的龙身中全是色彩斑斓的灯光，加上金蟾、鲤鱼、刘海、云朵、牌楼等，场面壮观，热闹非凡。

（2）赞皇丝弦。赞皇丝弦是石家庄中路丝弦的一个重要流派，演员唱腔高亢嘹亮、婉转悠长，具有浓厚的地方特色。经过封广亭和其弟子程永奇、吕国增、景荫楼的改造和发展，赞皇丝弦和老调娃娃腔的部分唱腔恰当糅合，形成了赞皇丝弦气势雄浑、声情并茂、清脆委婉、韵味深长、字正腔圆，既新颖独特又不失古朴苍劲的艺术特征。

（3）赞皇腊八船。赞皇腊八船源于佛教的“慈航普度”，在腊八日进行是为纪念释迦牟尼在此日成佛。明代，憨山大师曾在赞皇嶂石岩槐泉寺（旧县志载该寺原称石佛寺）开设道场，讲经演法，把“腊八船”最初的形式传给了陈村村民，村民代代相传，形成了今天的“赞皇腊八船”，俗称“陈村腊八日行旱船”。赞皇腊八船是一种人们盼望风调雨顺、五谷丰登，身体康健、祛灾免难，国泰民安、战乱不生的祭祀仪式和文化活动，它既包括民俗活动，还包括唱戏、秧歌、武术、杂技、唱经、鼓乐等文艺活动，是当地传统民间文化的缩影，是对中国古老的佛教文化和农村民俗艺术的继承和发扬。

第二篇　邢台篇

邢台位于京津冀区域冀中南地区中心，西依太行山与山西毗邻，东沿卫运河与山东相望，北连石家庄、衡水，南接邯郸，是中原经济区的北方门户。邢台地处太行山脉南段与华北平原的交会处，境内地势西高东低，自西向东山地、丘陵、平原呈阶梯状排列，以平原为主。邢台的面积约为 1.24 万平方千米，辖两个市辖区（桥东区、桥西区）、15 个县（内丘县、隆尧县、任县、巨鹿县、邢台县、临城县、柏乡县、清河县、宁晋县、平乡县、南和县、广宗县、威县、新河县、临西县），另设 2 个开发区（邢台经济开发区、大曹庄管理区），代管 2 个县级市（南宫市、沙河市）。

第五章 邢台县

邢台县隶属河北省邢台市，位于河北省西南部。邢台县总面积约为1 848平方千米，下辖10个镇（南石门镇、晏家屯镇、羊范镇、皇寺镇、会宁镇、西黄村镇、路罗镇、将军墓镇、浆水镇、宋家庄镇）、6个乡（太子井乡、北小庄乡、龙泉寺乡、城计头乡、白岸乡、冀家村乡），总计519个行政村，县政府驻地在邢台市桥东区。“太行明珠”邢台县被誉为太行山最绿的地方。

第一节 皇寺镇

皇寺镇距邢台县县城约 20 千米，位于太行山下，三面环山，山口向东部平原敞开，像一个精心构筑的鸟巢，历来为兵家必争之地。皇寺镇现辖43个行政村，镇政府驻皇寺村。2008 年，皇寺镇入选第二批河北省历史文化名镇。

皇寺古镇

据《邢台县志》记载，皇寺村原名黄寺店，村民以周、刘、王三姓为主。据传，元顺帝曾驻村中玉泉寺，朱元璋北征时也曾在此歇兵喂马，故玉泉寺改名为“皇寺”。村以寺得名“皇寺村”，镇以村得名“皇寺镇”。

（一）空间格局

皇寺古镇整体格局为规则棋盘形，严整有致。古镇原有十字街，东西南北 4 街口建有 4 座雄伟壮观的阁门。古镇东西老街全长约 1 000 米，十几条小巷南北穿插，街巷纵横，呈网格状。民居参差错落，以当地特殊的四合院和多进套院为主，体现出明清时期北方院落的特点和韵味。村内村外沟渠纵横，沟渠内常年流水，横贯东西的金玉河上有 8 座青石桥。皇寺古镇的空间形制和整体风格呈现出既丰富多彩又和谐统一的基调，同时作为历来兵家必争之地和丘陵区物资集散中心，镇内手工业和商业十分繁荣。

（二）物质文化遗产

1. 传统民居

皇寺古镇内的古民居多为明清时期所建，155 处较完整的院落依坡就势、参差错落，构成了古镇的基础风貌。镇内现有王家大院、姚家大院、邓家大院等 6 处保存完好的古宅。穿堂大院特色鲜明，前店后宅，一条巷内常居住着同一姓氏的家族。

镇内建筑的屋顶主要采用叠梁式木构架支撑，由红石板或当地烧的筒瓦铺就，墙体大多由本地产的红石垒砌，砌筑方法有干砌和浆砌两种，构成独具特色的红石村。还有一些房屋使用溪沟或河床上散布的石头和青砖作为墙体材料。

镇内建筑的屋脊、梁柱、栏杆和门窗都讲究雕刻装饰，这些装饰展现了皇寺镇能工巧匠们的精湛技艺和当地深厚的文化底蕴。雕饰图案以各种吉祥图案为主，如以蝙蝠、寿字寓意福寿双全，以插月季的花瓶寓意四季平安，还有“子孙万代”“岁寒三友”“玉棠富贵”“福禄寿禧”等主题雕饰，展示了皇寺镇人民对美好生活的向往。传统建筑上的雕刻装饰精美，见图 5-1-1 和图 5-1-2。

王家大院在中街开设了整条的店铺门脸，以经营货物；在南向河道上架设了两孔石桥，以方便人们出入。河北岸是主人居住的传统四合院，采光充足，安静宜居。大院内有仓储和加工用房，还建有多处 2 层楼房。大院内建筑的房顶全部用白灰、沙子打成，坚固耐用，且方便晾晒粮食，是本地通用的做法。王家大院局部见图 5-1-3。

图 5-1-1 建筑装饰 1（组图）

图 5-1-2　建筑装饰 2（组图）

2. 公共建筑

玉泉寺建于唐贞观年间，重修于元代。相传元顺帝曾避难于此，而后朱元璋又曾在此歇兵喂马，遂玉泉寺改名为皇寺。该寺有三绝，即皇寺、鸟柏及玉泉池。

寺院正殿、配殿为砖木结构，宏伟壮观，雕梁画栋，现已重修扩建。在 2005 年完成的第一期修复工程先后对三宝殿（原大雄宝殿）、观音殿（原大佛殿，古称华严殿）进行保护修复，并在玉泉寺东、西两侧新建了殿堂僧舍近百间。其中三宝殿为硬山筒瓦顶，屋脊为彩色琉璃瓦，殿前出抱厦，对植柏树。观音殿前有一棵千年古柏，高达 20 多米，挺拔苍劲，枝丫繁壮，四季葱郁。由于此古柏处于深山古刹和玉泉环绕之中，常有珍禽栖息，再加上树冠庞大，经常迎风自吟，两鸣交响，酷似百鸟鸣唱，故得名鸟柏。在鸟柏的南侧有一泉池，古称“玉泉池”，泉底石沙如玉，水清见底，游鱼嬉戏。玉泉寺内各组建筑见图 5-1-4 以及图 5-1-5。

图 5-1-3　王家大院局部

观音殿

三宝殿

图 5-1-4　玉泉寺局部

3. 历史环境简介

（1）古石桥。镇内古石桥（图 5-1-6）有着上千年的历史，采用当地盛产的青石浆砌而成。几座桥全部是青石单拱桥，两侧栏板完好，拱券上方雕有吸水兽。

（2）龙山佛造像。龙山上有保存较好的佛造像（图 5-1-7），其中 3 处位于龙山北坡半山腰处，1 处位于山顶。这些造像雕工细腻，造型美观，与玉泉寺有密切的关系，为建寺后雕成，其雕刻年代很可能为唐代晚期。

图 5-1-5　玉泉寺大雄宝殿

图 5-1-6　古石桥（组图）

图 5-1-7　佛造像（组图）

第二节 路罗镇

路罗镇位于邢台县境西部，距邢台县城约 51 千米，面积 146.9 平方千米，镇政府驻路罗村。路罗镇英谈村于 2007 年被评为中国历史文化名村，于 2012 年被列入第一批中国传统村落名录，在 2014 年被列入第一批中央财政支持范围的中国传统村落名单。

英谈村

（一）村落概况

基本情况 英谈村位于太行山东麓深山腹地，距邢台市区约 70 千米，位于路罗村西 8 千米处。该村由后英谈村、前英谈村、东庄村 3 个自然村组成，历史文化底蕴深厚，有“一川、三山、六岩、九沟、十八垴”，有“江北第一古石寨”之称。

历史沿革 相传唐代末年，黄巢领导的农民起义军扎营于此，并将此处称作“营盘”。明代中期，顺德府遭受了连年大灾，此处路姓村民的祖先为了生存，带着孩子去山西乞讨，后又从山西返回，途经此处时，用旧营盘的碎石和石板建起了英谈第一座民居——小石楼。小石楼位于贵和堂老院西边，是全村最古老的建筑物，已经有 600 多年的历史。因为“营盘”与“英谈”谐音，此村渐渐被称为英谈村。

（二）空间格局

英谈村村中有冲积沟（也有人称此沟为黄巢起义军所挖的防御战壕的遗存），村南有英谈沟环绕，四面环山，正南有平缓山、冈南山，西南有雾子垴，其北有北乜（岭），东有骄驾山，村前有蹲财垴。该村有万亩山场古树，枝繁叶茂。长约 2 千米的古石城墙围绕着古村，古寨坐落于“一城四门”之中。村内的传统建筑规模约有 20 万平方米，古建筑现基本保存完好。英谈村的村落环境见图 5-2-1，民居鸟瞰见图 5-2-2，街巷空间见图 5-2-3 和图 5-2-4。

图 5-2-1 村落环境

图 5-2-2 民居鸟瞰

图 5-2-3 街巷空间 1（组图）

（三）物质文化遗产

1. 传统民居

英谈村是华北目前发现保存最完好的石寨。村内的民居建筑依山就势，高低错落，具有典型的古太行建筑风格。民居多为明清时期的遗存。建筑选用当地盛产的一种红石材建造，也有少量的青石建筑。房舍由石块垒砌而成，不用任何黏合物，内墙抹泥，房顶多用巨大的红石板以鱼鳞式压盖，坡度较为平缓，远远望去赤红一片，“红色英谈”因此得名。村内的传统民居见图 5-2-5 和图 5-2-6。

这种用石头建成的山寨在国内很少见，其民居大多以两三层建筑为主。按冀南民居风俗，四合院讲究只有临街的大门才能进出，人们认为宅开后门跑财招贼，而英谈村不仅家家院落开后门，而且后门开得与前门一样大，只是造型没有前门宏伟，也无精雕细绘。无论前门或后门，每扇门后都有一个直角形的墙垛，这是固门的需要，在冷兵器时代，其还可作为防御掩体。

该村以路姓为主，明清时期路氏家族分有“三支四堂”，在建筑上也有四堂，即贵和堂、德和堂、中和堂和汝霖堂，四堂涉及院落 24 处，房屋 500 余间。英谈村的 4 个“堂”

图 5-2-4　街巷空间 2（组图）

图 5-2-5　传统民居 1

不但是一种建筑院落的组合形式，还是村落发展脉络和家族文化的体现，即属于一个堂的民居院落在建筑上是一个组合群体，居住其中的家族也经历了多个世代的传承。因此，作为非物质文化遗产的“堂”和物质文化遗产的“院落”成为英谈村历史文化遗产的特色。

图 5-2-6 传统民居 2（组图）

（1）贵和堂。四堂中贵和堂（图 5-2-7）的规模最大，房间最多，规格最高，在英谈村中最具代表性。贵和堂有院落 10 处、房屋 220 间，它们错落有致地分布在村子东部和中部，多以 2 层和 3 层建筑为主。其建筑上楼不用楼梯，以“外看三层楼，进院没有楼，来回之字路，回望还是楼”的特色著称。

（2）汝霖堂。汝霖堂（图 5-2-8 和图 5-2-9）位于贵和堂东侧，有 8 处院落、140 多间房屋，依山就势，其正房大院有“为民立功”牌匾。1940 年冀南地区八路军总部、八路军的修配厂、冀南银行印刷厂等曾设在汝霖堂。

（3）中和堂。中和堂（图 5-2-10）始建于清咸丰年间，是从德和堂分出来的，有院落 5 处、房屋 90 余间。中和堂建于英谈村大街的南侧，正房建在后沟的石桥上，桥下流水，桥上建房，所以其正房大院又称为桥院。

（4）德和堂。德和堂（图 5-2-11）始建于明末清初，占地面积为 1 208 平方米，有 4 处院落、房屋 90 间。德和有“以德为和”的寓意，建筑风格仿山西富家大院，造型独特，木雕精致。院内建筑多为 2 层或 3 层小楼，房屋门窗花棂雕刻精美，造型各异。

东门

庭院

门楼

图 5-2-7　贵和堂

整体鸟瞰

庭院

图 5-2-8 汝霖堂

图 5-2-9 汝霖堂局部

庭院

东院

主上房正面

图 5-2-10 中和堂

2. 公共建筑

村中有原冀南银行旧址、八路军铁匠铺等抗战遗址。村内庙宇主要有土地庙、财神庙、山神庙、观音庙、白云寺、兴龙寺等。

（1）土地庙。土地庙（图 5-2-12）位于东寨门内路南。

（2）戏台。戏台（图 5-2-13）为三开间，屋顶为木构卷棚顶，后台及基座为石砌，后台屋顶为稍高的双坡顶。

（3）排水渠。排水渠见图 5-2-14。

（4）寨门。寨门见图 5-2-15。

（5）观音庙。观音庙（图 5-2-16）为木架结构，屋架保存较为完整。

（6）石磨。石磨见图 5-2-17。

（7）一滴泉。德和堂院落中有眼“一滴泉”令人称奇，无论旱涝，也无论冬夏，水总是不急不缓地一滴一滴流下来。一滴泉见图 5-2-18。

大门

庭院

图 5-2-11　德和堂

图 5-2-12　土地庙

排水涵洞

图 5-2-13　戏台

排水沟渠

图 5-2-14　排水渠

图 5-2-15　寨门

观音庙内部

观音庙梁架结构

图 5-2-16　观音庙

图 5-2-17　石磨

图 5-2-18　一滴泉

第三节 非物质文化遗产

（一）皇寺镇民俗

（1）社火。皇寺镇历来就有很多民间社火活动，如玩大头、踏高跷、拉碌碡、拉太平车等。

（2）祭火神。元宵节是我国传统节日。祭火神是皇寺镇闹元宵的主要活动之一，自农历正月十三下午请火神到正月十六深夜送火神的4天内，全镇的人们聚集到刘家火神灶，献上供品、香烛、五色彩纸，挂上纸糊的旗、锣、伞、幡、袍，跳起扇鼓舞、街舞，唱起扇鼓腔、豫剧、丝弦，舞起大头娃娃，拉碌碡，燃鞭放花，热闹非凡。

（3）祭神活动。皇寺村的祭神活动有很多，主要有农历正月初九、三月初三到玉皇庙祭“玉皇大帝”“王母娘娘”，正月二十到山神土地庙祭山神，二月十九到观音庙拜观音菩萨，三月十五祭龙王。这些祭神活动都要献供品，唱扇鼓腔，燃鞭放花，表达出村民们对幸福生活的美好期盼。

（4）玉泉寺佛教法会。 玉泉寺法会甚多，以正月十五斋天和农历七月十五盂兰盆节最为知名。举办法会时各地佛教信徒云集玉泉寺，常达千人之多。届时三宝殿前的塔台摆上水果、鲜花等供品，众僧人唱赞念经，斋心礼拜，各种法器奏乐，笙笛齐鸣，殊胜庄严。

（二）英谈村民俗

英谈村的村民不信鬼神，敬堂口。所谓堂口，就是路姓四堂。究其因，当为当年黄巢起义军管理体系的一种遗存。英谈村的宅院中没有农耕社会家庭中用来敬祭的各种神龛，却对坐落在村中央的四大路姓堂口充满了敬崇。逢年过节，村民们都到自己所属的堂口去献香祭祖，红白喜事由堂口主持人帮忙操办，家庭纠纷也由堂口主持人调解。堂口是英谈村民的“圣殿”，也是村民血脉相传的链条和源泉，这种习俗在全国范围内也很罕见。

山区人注意保护脚力，村中妇女常用粗麻纳底、细针纳帮来做鞋。村中妇女常在自家庭院飞针走线，形成一种特别的民俗景观。图 5-3-1 为村民在做鞋子。

石臼、石杵、石磨这些用具在今天的英谈村仍是举目可见的景观。英谈村民用它们捣豆沫、磨豆腐、磨玉米面等。尽管已有了许多现代化的加工粮面的工具，但英谈村的村民们仍固守着这些古老而传统的器具和生活模式，他们称用这些工具加工出来的米面做饭香，与机器加工出来的米面滋味不一样。

图 5-3-1　做鞋子

第六章 临城县

临城县隶属河北省邢台市，位于河北省西南部。该县地处太行山东麓，地势自西向东呈阶梯状分布，山区、丘陵、平原分别占35%、50%和15%，素有“六山一水二分田，还有一分是家园”之称。临城县下辖4个镇（临城镇、东镇、西竖镇、郝庄镇）、4个乡（石城乡、黑城乡、鸭鸽营乡、赵庄乡），县政府驻临城镇。

第一节 赵庄乡

赵庄乡位于临城县西南部，东、南、西侧均与内丘县交界，北与郝庄镇接壤。乡政府驻赵庄村，在县政府西偏南约 26 千米处，地处太行山区。赵庄乡地理位置优越，交通便利。

驾游村

（一）村落概况

基本情况 驾游村位于临城县西部赵庄乡境内，距临城县城 33 千米，距平涉线 2.5 千米。驾游村西靠海拔 1 200 米的莲花山，南、北分别由海拔 500 米的石楼分水岭、白云庵分水岭相挟，东南是岭西分水岭。村南有莲花池的池水曲折流过。2007 年，驾游村被评为河北省历史文化名村。整个山村四周山峰高耸，沟壑曲折，古树浓密苍翠，涧中溪水潺潺，环境幽深、静谧。

历史沿革 驾游村原名挟扭村，始建年代不晚于唐代。宋徽宗赵佶曾驾临挟扭村察寺院、观莲花池，村名因而改为驾游村。该村曾是抗日军队的主要活动区域，1949 年以后驾游村曾隶属石家栏乡，现隶属赵庄乡。

（二）空间格局

驾游村的空间格局呈现出北方山村的典型特点。3 个自然村（白云寺、范家庄、驾游村）都紧靠村北的白云庵分水岭阳坡，临莲花池而建，并顺山势、池水方向呈西北—东南走势，充分地利用地形等自然条件的优势，既可避开寒冷的西北风、享受充足的冬日阳光，又能方便汲水与排涝。村庄形态呈现自然分散、南低北高、错落有致的状态，古寺、古民居分布在风景如画的山溪旁边，别有一番“世外桃源”的悠远、古朴及神秘的韵味。驾游村的街巷空间见图 6-1-1。

古寺、古树、古民居由莲花池水串联为一个整体，形成“一”字形空间布局特点。而村子西、北、南三面的 9 个长山脊会聚于村庄，形成“九龙戏珠”的形态，其山势地形产生了很好的通、挡效果，调节了温度和湿度，通风效果好，夏可降温，冬可挡风避寒，形成了良好的居住小气候。

（三）物质文化遗产

1. 传统民居

驾游村内明清时期的古民居有 50 多处，建筑面积约为 5 226 平方米，保存完好。从格局与功能看，多数院落北高南低（前低后高），符合中国传统上的“前低后高，子孙英豪”的说法，又便于采光取暖，通风行气。村内民居院落一般属于正偏布局，通常主屋、厢房、厨房在主院之内，磨房、厕所、牲口棚在偏院。从建筑工艺上看，墙体用石板叠砌而成，墙中间不用灰（土）泥，外用石灰泥抹缝，内用麦秸泥、白灰抹平，既能防止因雨水致墙体开裂，又能保暖隔热。屋

图 6-1-1 街巷空间（组图）

顶以平檐式为主，用碎石与细沙白灰泥夯打而成，以木梁承重。街门及窗户多用木雕吉祥图案、吉祥文字，雕花精美，雕工精湛。传统民居见图 6–1–2，传统民居上的木雕见图 6–1–3。

2. 公共建筑

白云寺始建于唐代，清康熙四十年（1701 年）重建，清嘉庆二年（1797 年）再次修缮，历史悠久。白云寺依山傍水，建在莲花山上一个叫九龙口的地方，9 个小山头紧紧环绕在寺的南、西、北 3 面。寺院的占地面积曾达 2 万多平方米，曾有北大殿、东西配殿、东西楼阁、山门、僧舍及附属设施等。寺院殿舍墙体皆用沙石板材砌成，廊檐、枋、垂柱两侧均有镂雕木装饰，图案为松鼠、缠枝花卉等，姿态生动，活灵活现。目前白云寺已经败落，其局部见图 6–1–4。

图 6–1–2　传统民居（组图）

图 6-1-3 传统民居上的木雕

清康熙四十年（1701 年）重建白云寺时立“重建白云寺记”碑，碑文描述了白云寺周围神奇、幽美的景色，记述了驾游村村名的由来及名字的演变，记载了相关的历史典故和重建白云寺的艰难历程，有着多方面的研究价值。寺内还遗有“誓德和尚觉灵碑”“开山历代住持鉴公和尚塔铭”碑刻等文物。

图 6-1-4 白云寺院落局部

第二节 非物质文化遗产

驾游村非物质文化遗产丰富多彩，传说众多，有《白云寺的由来》《莲花池的传说》《牛和老虎的故事》《白云寺的懒和尚》《南寨的由来》《大王庙的由来》等引人入胜的故事。村内民俗文化丰富，每年正月的扭秧歌、跑黑驴、舞龙等传统乡艺表演精彩诙谐。传统节日习俗独特，“抢面灯”“老鼠娶亲日”等都展现了村民对美好生活的向往。传统手工艺历史悠久，村民们的树编、草编、石雕以及做旋柿刀等的技法精湛。村民制作手工艺品的过程及编织的日常用具见图 6-2-1 和图 6-2-2。

（1）老鼠娶亲日。每年农历正月十二，是驾游村传统的老鼠娶亲日。那天家家户户包饺子，说是捏老鼠嘴。到了傍晚，儿童们到处捡拾旧笤帚，堆积在一起烤火，俗称“烤老鼠爪”。据说谁家吃了饺子，烤了老鼠爪，一年之中家里就不会有老鼠。传说当天人们可以在磨盘眼里听到老鼠娶亲的吹吹打打的声音。

（2）抢面灯。每年农历正月十五晚上，村民们用蒸熟的黍子面捏成各种形状的灯盏（俗称粘面灯），插上灯捻，填上豆油或香油，点着后放在院子里的各个角落。村里的儿童成群结队地到各家将熄灭后的面灯“偷”去，据说“偷”得越多越好，待到第二天早上烤柏灵火时，将面灯烧着吃。

图 6-2-1 手工艺品制作

图 6-2-2 村民编织的日常用具

第七章 内丘县

内丘县位于河北省中南部、太行山东麓，县内山区、丘陵、平原各占 1/3。内丘县下辖 5 个镇（内丘镇、金店镇、大孟村镇、柳林镇、官庄镇）、4 个乡（五郭店乡、南赛乡、獐么乡、侯家庄乡）和 1 个工业园区，县政府驻内丘镇。

第一节 南赛乡

南赛乡位于河北省内丘县西部，距内丘县城约 25 千米，属浅山丘陵区。乡政府驻石门村。乡内的名胜古迹有唐朝古建筑且停寺遗址和全国重点文物保护单位扁鹊庙等。

神头村

（一）村落概况

基本情况 神头村位于河北省邢台市内丘县南赛乡西部，距内丘县城 20 多千米。村子地处太行山脉东麓，南、西、北三面环山，东为河谷平原，襄河自西向东从村中央穿过，村西最高山峰为莲花峰，海拔 1 141 米。神头村 2008 年被评为河北省历史文化名村，2012 年被列入第一批中国传统村落名录，2014 年被列入第二批中央财政支持范围的中国传统村落名单。

历史沿革 神头村最早以九龙河为界分为两个村，河北为焦子村，河南为郎家庄。春秋战国时期赵简子将中丘蓬山一带大片土地赐给扁鹊，从此扁鹊就在蓬山一带定居下来，采药行医，普救黎民，后遭秦国太医令李醯嫉妒，被杀。人们为纪念他，把其头取回葬于鹊山（今太子岩）脚下、九龙河畔、焦子村西侧，并为之修庙塑像，因此焦子村、郎家庄合并为一村，称为“神头村”。

（二）空间格局

神头村依山而建，平面布局呈“山”字形，依山势变化，和山融为一体，为带状聚落。村子平面布局自由，共有街道 3 条，村东、中、西各有石桥 1 座。村子保存有冀南风格的山乡风貌及建筑格局，从聚落到街巷空间再到建筑单体都保留了原有的尺度，整体形态随地形高低错落，空间环境变化丰富。村民们生活在古老的石筑建筑中，过着悠闲自得的山居生活。神头村的村落环境见图 7-1-1，街巷空间见图 7-1-2。

图 7-1-1 村落环境

图 7-1-2　街巷空间（组图）

（三）物质文化遗产

村内的传统建筑分布见图 7-1-3。

1. 传统民居

村内房屋依山随形而建，高低错落有致。民居大多为单层建筑，也有少量的楼式建筑，大多以青石为建筑材料。民居形式有四合院式、二合院式等，屋顶以平檐式为主，上铺有石板，亦有少量民居为起脊布瓦顶。院落间以墙相隔，大门建有门楼，门楼两侧有砖雕、木刻，雕刻内容多为吉祥文字与传统纹样，房前屋后绿树成荫。院落之间形成的街巷用石板铺砌，蜿蜒曲折。村内的侯东小民居见图 7-1-4，郭小五民居见图 7-1-5。

民居与茶棚相结合成为该村的民居特色。神头村所在地为东西走向的山沟，地方狭小，空地很少，单独择地建茶棚较难实现，故神头村内的茶棚多采取与民居相结合的形式。茶棚房屋多为平房，也有两层楼房，如回生桥西红油门茶棚有楼房 3 间、平房数间，依山势排列，层次分明，颇有气势。任县人在神头村村东建造的 4 家茶棚都有两套院落，居室、仓库、伙房齐全，规模较大。据调查，神头村有 100 多户人家利用民居开茶棚。

2. 公共建筑

（1）扁鹊庙。扁鹊庙（图 7-1-6 和图 7-1-7）又名扁鹊祠，位于南赛乡神头村北、内丘县县城西 26 千米的鹊山脚下，占地面积约为 15 万平方米，是我国保存最好、规模最大、历史最悠久的扁鹊庙。庙内原有单体建筑 27 座，现为全国重点文物保护单位。

（2）戏楼。戏楼（图 7-1-8）立于石砌台基之上，为悬山筒瓦顶，面阔 3 间，檐下施彩画。

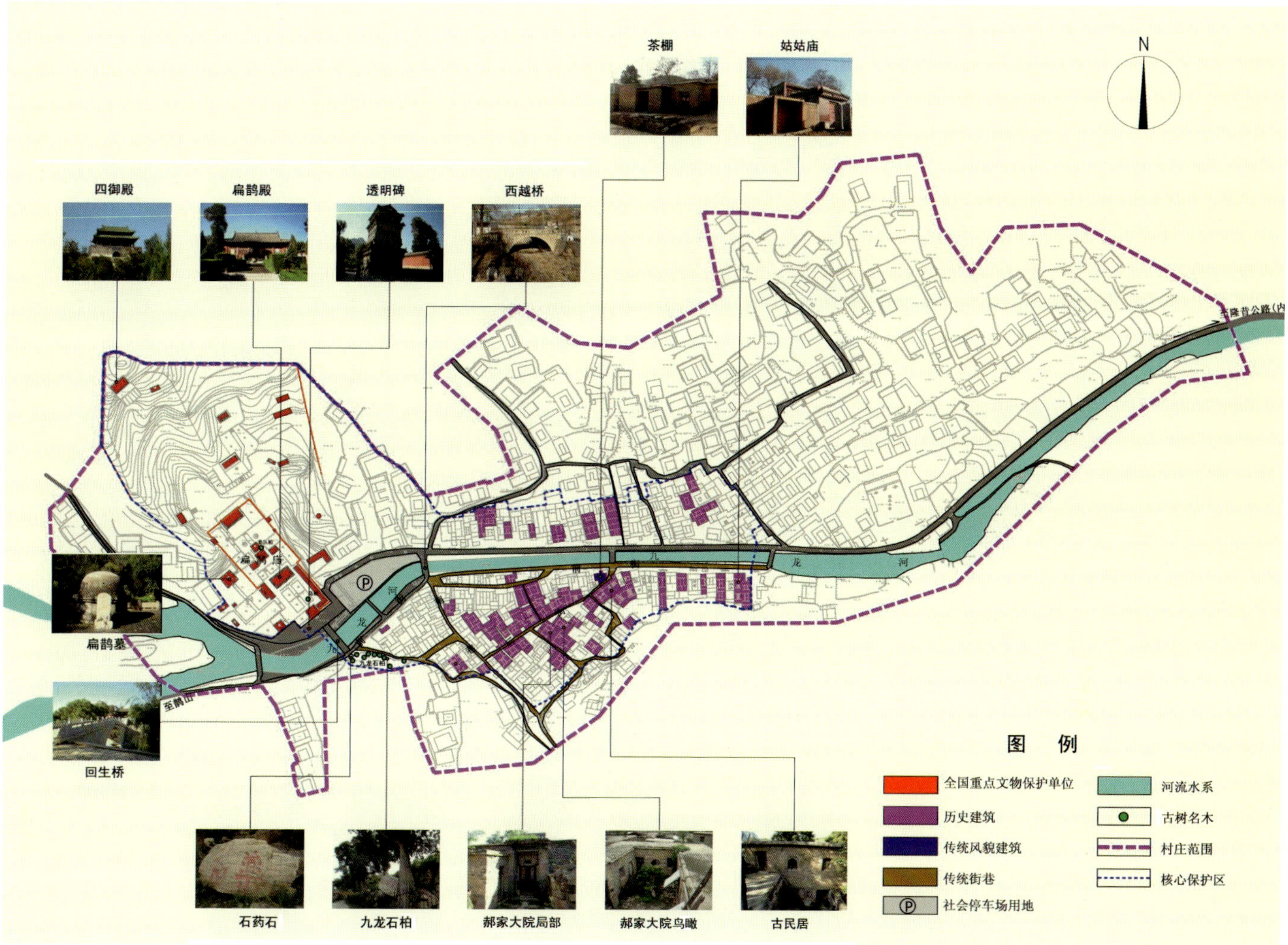

图 7-1-3 传统建筑分布

入户门

外景

图 7-1-4 侯东小民居

门口

房屋顶部

入户门

南屋

图 7-1-5　郭小五民居

扁鹊庙建筑群

庙内的碑刻

扁鹊殿正面

碑楼局部

碑楼

图 7-1-6 扁鹊庙

殿内斗拱

柱础

庙门石狮子

石壁

墙上的碑刻

图 7-1-7　扁鹊庙局部

图 7-1-8　戏楼

3. 历史环境简介

在扁鹊庙前有侍立两千年的九弟子化身——九龙石柏。它们位于回生桥南桥头的矮山上，9 棵柏树依次排开，根植石隙，故取名“九龙石柏”，其中一棵柏树（又名九龙桥石柏）见图 7-1-9。另外，村内还有一座西越桥（图 7-1-10）和石碑若干（图 7-1-11）。

图 7-1-9 九龙桥石柏

图 7-1-10 西越桥

鹊山神庙功德碑

“重修鹊山神应王庙记”碑

祭文碑

图 7-1-11 石碑

第二节 非物质文化遗产

神头村传统村落的非物质文化遗产主要包括鹊山庙会（图 7-2-1）、神头茶棚文化等。神头村民间传统手工艺较多，如做老虎枕、虎头鞋等，还有荆编、木艺、铁艺、织布等，村民们还喜欢手工制作酸枣面、豆腐、酸枣仁等。

图 7-2-1 鹊山庙会

第八章 平乡县

平乡县隶属河北省邢台市，西与南和县、任县接壤，东与广宗县毗邻，北与巨鹿县相连，南临邯郸市。平乡县面积约为 406 平方千米，地理位置优越，文化底蕴深厚。平乡县下辖 3 个镇（丰州镇、河古庙镇、平乡镇）、4 个乡（油召乡、节固乡、田付村乡、寻召乡），县政府驻丰州镇。

第一节 丰州镇

丰州镇位于邢台市东部，是平乡县政府所在地。元代前，该地为太平乡，明清时期其为本县四大集镇之一的三河镇。该镇境内有商纣河丘宫遗址、兴固寺等古迹。

窦冯马村

（一）村落概况

基本情况　窦冯马村位于平乡县东部，属丰州镇管辖，距丰州镇约 3.5 千米。该村东有老漳河，西有小漳河，环境优美，交通便利。窦冯马村入选第一批河北省历史文化名村。

历史沿革　冯马之名始于明代，传说燕王扫北时“裹马腹、踏鹿寨”，攻克此地，故名“缝马”。明永乐二年（1404 年），窦、张、许、李等姓村民自山西迁住于此，村子后演变为窦冯马村。

（二）空间格局

窦冯马村整体呈矩形布局，南北向较长，东西向较短，村庄南侧与张冯马村北侧相连。村内有东西大街 3 条，南北大街 1 条，小街 3 条，80 米以上的巷道 14 条，其中最长的巷道长 160 米。窦冯马村历史街巷的特色是沙石路、黄土路，道路呈网格状布局，街巷狭窄。街巷两侧为传统民居院落，与石街、土巷相映成趣，共同构成富有韵律和变化的街巷景观。村中局部鸟瞰见图 8-1-1，街巷空间见图 8-1-2。

（三）物质文化遗产

1. 传统民居

村内民居为典型的北方院落式民居，院内建筑是具有冀南特色的瓦房建筑。院落多坐北朝南，以北屋为正房，搭配门楼、偏房，外实内虚，房子高低错落有致。建筑多为梁柱式砖木结构的起脊瓦房，前出抱厦，两山墙嵌有砖雕花饰，山墙、前房檐处雕有各种吉祥纹样或文字。

民居院落以二合院、三合院居多。传统建筑和部分 20 世纪 50 年代至 80 年代的民居为土木结构，多数为土坯墙，未经过大面积改造，仍然保持着建筑材料的原始色调。近年来，窦冯马村的新建建筑多由红砖建造，1981—2000 年之间的建筑外部多贴白瓷砖或用白灰抹墙，2000 年以后的建筑多数用水泥抹墙。极少数历史建筑用青砖贴面。

窦冯马村民居的屋脊构造做法极具特色，当地人称其为“五脊六兽拱吉星”。瓦顶中间的“脊”做时分为 5 层，一般底层用泥灰或水泥打底；第 4 层扣青瓦；中间一层多铺青砖，青砖或立或卧，或实或空；砖之上又是一层小瓦，或扣或伏；顶层抹一层泥灰或水泥，5 层叠压成一线，中间有实心处也有空心处，匠人甚至可用砖、瓦砌出花纹。

图 8-1-1　村中局部鸟瞰

房脊上有吻兽装饰，村民称之为“六兽”，即一对“开口兽”、一对“跟斗鱼”（鱼头朝下，鱼尾上扬，寓意为“鲤鱼跳龙门”和“年年有鱼”）和一对“立鸽”，形象十分真实，无夸张之笔。六兽所拱的吉星就是位于屋脊中间的“吉星楼”，其呈阁楼式，大部分为 2 层，也有 3 层的，上面书写“福”或“禧”字，下面描绘八卦图。“六兽”和“吉星楼”在各处房屋屋脊的位置基本一致，但也有变化，如一对“开口兽”一般在屋脊两端，但也有稍靠里的；“吉星楼”一般在中间，但也有在边间顶上的；一对“立鸽”的立姿一般为相对向中而视，但也有面向房前的或略斜的。村内常见的民居形式见图 8-1-3，传统民居装饰见图 8-1-4。

（1）民居院落 1。该院落保存比较完整，呈“匚”形布局，见图 8-1-5。房屋均为 1 层，北房及南房为双坡硬山顶，临街一侧的南房保存较好，外墙无破损。西厢房为平顶，屋顶损坏严重。院内植有一棵枣树。

图 8-1-2　街巷空间

图 8-1-4　民居装饰（组图）

（2）民居院落 2。该院落位于村庄东部、东西大街南侧，建筑均为灰色平顶，见图 8-1-6。院落保存比较完整，且有人居住。院内正房墙体为土坯墙，门窗为木质，西厢房墙体为青灰色砖墙，门窗洞口均砌为拱形，有一定的地方特色。东厢房破损严重，目前主要堆放柴草等。

图 8-1-3　传统民居

图 8-1-5 民居院落 1（组图）

图 8-1-6 民居院落 2（组图）

2. 公共建筑

兴固寺（图 8-1-7）位于村庄西南部，现为河北省重点文物保护单位。兴固寺始建于东汉年间，后赵初期由常年居住襄国的高僧佛图澄在原寺基础上加以扩建完善。

兴固寺现存天王殿、大雄宝殿和大殿东侧的金刚舍利殿等主要建筑。大雄宝殿面阔 5 间，进深 5 间，高约 10 米，采用硬山瓦顶、滚龙花脊，其脊角兽硕大，现存角兽残片中，仅兽嘴就足有 2 尺（约 0.67 米）。殿内正面曾供一尊释迦牟尼像，为木质通体贴金，腹空，其心脏处置一金质元宝，寺败后其被寺僧盗走。佛像两侧置十八罗汉像，佛前左侧置

木架结构

兴固寺全景

天王殿

大雄宝殿

金刚舍利殿

图 8-1-7　兴固寺

72 盏莲花灯树，每朵莲花座上置一青铜灯碗，其后为一尊高不足尺的小佛像，形态各异，“破四旧、立四新”时被砸烂。今大殿是在原木架结构的基础上于 1990 年重新加固换顶而成的。

金刚舍利殿为清乾隆十五年（1750 年）重建，至今保存完好。其面宽 3 楹，进深 3 间，高约 10 米，采用硬山瓦顶、琉璃镶边、叠梁式木架结构、龙头凤尾斗拱。山花为高浮雕琉璃彩游龙戏珠，背顶东、西砖雕“峻”“极”二字，殿前有 2 组 3 层砖雕饰头，集透雕、浮悬雕于一身，刀工细腻，兽鸟神态逼真，花草惟妙惟肖。殿内木雕独特，梁檩柱架交接处的花牙角鱼互不对称，各有千秋。殿顶脊檩处的 8 组透雕花饰各具风采，通殿木雕千姿百态。殿内梁檩、托架、金枋遍施彩绘，因年代久远，彩绘变乌脱落，唯贴金游龙雨蚀不脱，光亮如新。殿内能看到的木架上都绘有双龙图案，全殿大大小小、形态各异的龙图多达 365 幅。所绘之龙形态生动，或飞或翔，或动或静，特别是夜间在灯光照射下，观赏者好像置身在龙的海洋。龙形为历代帝王所专用，舍利殿这种遍绘金龙的高规格，更代表着它的至高无上，为国内寺庙建筑中绝无仅有。

第二节 非物质文化遗产

窦冯马村非物质文化遗产比较丰富，具有地方特色的传统节日主要包括农历三月十五走道场、四月初八浴佛节、六月初六晒经会、七月十五盂兰盆节等。民间艺术主要有南路丝弦、西乱弹（戏曲）、秧歌、跑黑驴（图 8-2-1）、舞龙等。民间手工艺主要有织土布（花布）、制香等。民俗包括老鼠娶亲日、抢面灯等。

图 8-2-1 跑黑驴

第九章 沙河市

沙河市位于河北省南部、太行山东麓，距北京市约 420 千米，距河北省省会石家庄市约 145 千米。沙河市面积约为 999 平方千米，辖 5 个乡（留村乡、册井乡、刘石岗乡、柴关乡、蝉房乡）、5 个镇（沙河城镇、新城镇、白塔镇、十里亭镇、綦村镇）和 5 个街道（褡裢街道、桥东街道、桥西街道、赞善街道、固庄街道），市政府驻地在褡裢街道。

第一节 柴关乡

柴关乡位于沙河市西部山区、沙河市三川之一的“册井川”的最西端，乡域面积为 80 多平方千米，乡政府驻柴关村。

王硇村

（一）村落概况

基本情况 王硇村位于沙河市柴关乡，东距沙河市政府驻地约 45 千米，四面环山，环境优美。王硇村保存完好的民居约有 130 处，房屋约 2 000 间，其中石头房屋达 620 多处。石楼群建筑总面积达 72 000 多平方米，占全村现有房屋总面积的一半以上。该村保存有大量明清及民国时期建造的古石楼，因王硇村村民的先祖是四川人，这些石楼大多数带有鲜明的巴蜀地域风格和战争防御功能。2010 年至 2014 年，王硇村先后被评为河北省最美丽乡村、河北省风景名胜区、中国最具魅力休闲乡村，并入选第二批中国传统村落名录、第六批中国历史文化名村名单。

历史沿革 王硇村始建于明永乐年间，相传村内王姓始祖王得才籍贯为四川成都府，在明朝曾任镇京总兵，后因失职畏惧朝廷追查，携眷辗转逃匿于此，繁衍后代，至今已有 600 多年。

（二）空间格局

村内的主要街巷皆由石头铺就，材料采用青石或卵石。街巷起伏转折，形成了丰富的空间景观层次。王硇村内有东西主街 3 条，最长街道长 800 余米，小街 10 条，南北小巷 13 条，其中最长巷道长 270 余米。王硇村的村落环境见图 9-1-1，民居鸟瞰见图 9-1-2，村落鸟瞰见图 9-1-3，街巷空间见图 9-1-4 和图 9-1-5。

图 9-1-1 村落环境

（三）物质文化遗产

村内明清时期建造的古石楼全为红石垒墙、青瓦罩顶，临街口所有石楼 2 层顶上均盖有碉楼（耳房），院落临街巷处的东南方位多留有“缺角”（即方形院落外之东南向少一角），当地人称之为“有钱难买东南缺”，八卦色彩鲜明突出。王硇村宗教建筑历史久远，建于明代的三霄元君殿即位于该村境域，另有白云山菩萨洞、宋代皇家寺院——封峦寺、明代石窟——北盆水罗汉洞、清代御祭龙庙——九龙沟龙神庙等环绕于村境外缘。

1. 传统民居

村内用丹霞岩红石条垒砌的民居院墙有 2 层或 3 层楼高（最高可达 18 米），墙体互连，暗道相通，石楼内部大量使用木材，门窗宽大，院落狭小。楼顶建有碉楼（此种碉楼的建筑样式在四川成都一带山区比比皆是，而太行山区却少有），碉楼上留有瞭望孔。一旦发现敌人来袭，住在石楼内的人们会在最短时间内安全转移。个别院落还凿有水井，设有石碾、石磨、牛羊圈等，门后置暗闩、藏犬洞等。村内有一进七全院的老宅，从一个大门进去，可以走遍 7 个院落，这进一步强化了各个院落的联系与防御功能。村中现存若干一进七全院、一进五全院、一进四全院与一进三全院（此种说法为当地俗称）格局的石楼院落，个别院落还修建有隐秘的地窖。

赭红色的丹霞岩是村内古石楼群的主要建筑材料，村内 85% 以上的传统民居建筑呈现赭红色。

图 9-1-2 民居鸟瞰（组图）

图 9-1-3　村落鸟瞰

图 9-1-4　街巷空间 1（组图）

（1）王硇民居。王硇民居将四川地区和太行山区的建筑风格融合到一起，其大门见图 9-1-6。

（2）王进忠民居。王进忠民居（图 9-1-7）位于村中心偏南。其东西长 13 米，南北宽 12 米，均为红石砌墙。北楼为 2 层 7 间拱尖扣瓦挑檐式建筑。室内置有木楼梯。东、西厢房均为尖顶扣瓦样式，各为 3 间，两头带夹道（俗称“峡头”）。南房有 7 间，为尖顶扣瓦样式。

（3）王计更石楼院。王计更石楼院始建于晚清，位于主街中段路北，见图 9-1-8。该院南北长 11 米，东西宽 6 米。北楼两层，上下各 5 间，楼顶为拱尖扣瓦挑檐样式。东楼 3 间，西楼 2 间，均为 1 层坡顶瓦房样式。院子南侧 5 间房屋为 1 层扣瓦挑檐样式，南楼顶部靠东建有碉楼。门楼横板上彩绘松、竹、梅、鹿等吉祥图案，门楣上装有“户对”，门下摆有青石鼓形门墩，门两侧砖雕“天犬望月”图案，门洞过道顶部建有砖木结构的“腰棚”。整座宅院古香古色。

图 9-1-5 街巷空间 2（组图）

图 9-1-6 王硇民居大门

图 9-1-7 王进忠民居

碉楼（左上角）

鸟瞰

图 9-1-8　王计更石楼院

（4）王立孟民居。王立孟民居的正房为 2 层，厢房为 1 层，由红条石砌墙，地面由石块铺就，见图 9-1-9。

（5）王增辉民居。王增辉民居正房为硬山布瓦顶，厢房为平顶，院落宽敞，见图 9-1-10。

图 9-1-9 王立孟民居

图 9-1-10 王增辉民居

2. 公共建筑

（1）玉皇殿。红枫山玉皇殿（图 9-1-11）始建于明代，近代重修。其面阔 3 间，带前廊，立于高台之上。

（2）三霄元君殿。三霄元君殿（图 9-1-12）始建于明代，历经数百年，已部分破损，如今重修上层。三霄元君殿建于红枫山山顶，立于两层建筑之上，面阔 3 间，带前廊。

（3）佛祖殿。佛祖殿（图 9-1-13）建于明代，面阔 3 间，带前廊，为单层建筑、硬山筒瓦顶，檐下施彩绘。

（4）三龙庙。三龙庙（图 9-1-14）建于明代，面阔 3 间，为硬山卷棚顶，檐下施彩绘。

（5）土地庙。土地庙（图 9-1-15）为石墙瓦顶，现已破损。

（6）牌坊。王硇村有两处牌坊。一处牌坊位于红枫山山顶，始建于 20 世纪 80 年代，后重修。另一处牌坊位于通往红枫山奶奶庙的上山路口，为三间三楼，见图 9-1-16。

图 9-1-11　玉皇殿

图 9-1-12　三霄元君殿

图 9-1-13 佛祖殿

图 9-1-14 三龙庙

图 9-1-15 土地庙

图 9-1-16 牌坊

第二节 白塔镇

白塔镇地处沙河市中部丘陵区、邢峰公路和南石公路的交会处，是邯邢矿区北部和沙河市中西部的交通中心，为河北省书法之乡。白塔镇镇域面积为 80 多平方千米，镇政府驻白塔村。

樊下曹村

（一）村落概况

基本情况 樊下曹村是沙河市白塔镇下属行政村。村庄位于镇域的北部，村落占地面积约为 2.7 万平方米。街头盖有庙宇，植有古槐树，立有带“龙跃海凤飞”字样的石碑。村里有大水池、明清建筑样式的戏楼，还有两棵树龄过百的大杨树及据记载为明永乐年间种植的古槐。樊下曹村被列入第三批中国传统村落名录。

历史沿革 该村的起源可追溯至明永乐年间。当年，有樊氏夫妇携二子一家四口自山西洪洞县移民至此定居，后又有张姓百姓、王姓百姓等来此居住，日久渐成村落。相传村东有一圆形石槽，因石槽埋于村庄下，故名下槽。“槽”字后改为“曹”字，村名改为樊下曹村。

（二）空间格局

村庄主要有两条东西走向的大街和一条张家西街。街头有 3 个用青石条砌起的桥阁，古时樊下曹村是村子以西的人去顺德府的必经之路，在此有 3 个店房用来接待来往客人，生意红火，非常热闹。后来村里出了樊、张两个富户，村庄肌理也就基本形成了。樊下曹村的村落环境见图 9-2-1，传统建筑及历史环境要素分布见图 9-2-2，街巷空间见图 9-2-3。

（三）物质文化遗产

1. 传统民居

村内的传统民居沿中心古街而建，平面布局多为传统四合院式，北房最高，其次为东厢房，再次为西厢房，最后为倒座，布局形式较为工整。庭院之间通过中轴线上的门或堂屋相通，空间收放结合，变化丰富，序列感强。院落进深不等，多为一进院。建筑结构多为抬梁或穿斗式木架构，以青砖包土坯为墙体。村内的传统民居见图 9-2-4。

图 9-2-1 村落环境

图 9-2-2 传统建筑及历史环境要素分布

图 9-2-3　街巷空间（组图）

图 9-2-4 传统民居（组图）

2. 历史环境简介

（1）涵洞。涵洞（图 9-2-5）位于村庄东部、前街东端，石拱正中雕有镇水兽。

图 9-2-5 涵洞

（2）碑幢石刻。碑幢石刻（图 9-2-6）为清康熙年间的遗存。

（3）古槐树。古槐树（图 9-2-7）位于前街，为明永乐年间栽植，约有 600 年的树龄，至今仍枝繁叶茂。

图 9-2-6 碑幢石刻

图 9-2-7 古槐树

第三节 十里亭镇

十里亭镇位于沙河市西北部，距沙河市市区约 13 千米，距邢台机场 5 千米，邢都公路贯穿南北，镇政府驻十里亭村。

上申庄村

（一）村落概况

基本情况 上申庄村为十里亭镇下属行政村，位于镇域的西南部，南接白塔镇，北与柳沟、西葛泉接壤。上申庄村位于太行山前丘陵区，村西与太行山区的山水风景区相连。村子地势高低起伏，村庄建设布局较为集中，呈组团式布局。上申庄村为河北省历史文化名村，于 2014 年被列入第三批中国传统村落名录，2016 年被列入中央财政支持范围的中国传统村落名单。

历史沿革 传说上申庄村由成吉思汗六世玄孙曰璟和其长子文秀所建。元末明初，曰璟为躲避明军追杀，将名字“曰”字中间添一竖改为“申”，寓意“上可通天，下能驻地，中有田舍存身”，并将一口锅砸成 18 块，分给四处逃难的 18 个儿子，作为日后重聚的凭证。随后，曰璟带着长子文秀来到河北沙河西部荒无人烟的丘陵山区，找到一片水草丰美、土地肥沃的地方修建房舍、开垦田地，经世代繁衍，渐渐形成了村落。因其为“锅片申”的起源地，所以村庄被后人称为“上申庄”。

（二）空间格局

上申庄村的古村落核心区东西宽 200 多米，南北长 500 多米，共有两条主街、20 多处院落、1 000 多间老房。村内有东、南、西、北 4 个大门。村子形状为龟形，中间高，四周低，“龟四肢”和“龟首”清晰可辨。瓮冈山为龟背，新建民居下的转山为龟首，龟首下是圣水岗，呈金龟探水之势。村子周围山水环绕，村内绿树成荫。上申庄村的村落环境见图 9-3-1，街巷空间见图 9-3-2。

图 9-3-1 村落环境

图 9-3-2 街巷空间（组图）

（三）物质文化遗产

上申庄村的传统民居具有典型的明清建筑风格。古民居建筑群规模较大，保存基本完整。民居墙体均由青石和砖砌筑，屋顶为木质结构、灰瓦顶。院落由正房和厢房组成，布局合理。民居建筑古朴凝重，保存了古代冀南地区的建筑工艺和风格，具有一定的历史文化价值。村内的传统民居见图 9-3-3。

古村落核心区域大体由 20 余处民居院落组成，面积约为 7 500 平方米。清末民初，申氏家族依靠矿业发家，产生了不少富豪财主，现存的古建筑和院落大部分是那个时期重建的。村内有 3 条东西向的大街，两侧建筑多呈明清风格，建筑的材料以青砖为主、土木为辅。村内传统建筑充分体现了以木雕、砖雕、石雕等为主的“三雕”艺术，是现存为数不多的明清古建筑的杰出代表。如村内的申天力故居曾为民国时期东北奉天矿务局煤炭工程师申天力的居所，位于古村北部，主房坐北朝南，后墙全以石材砌成，前墙用石、木、砖建成，为典型的明、清传统宅院建筑。申新春故居曾为上申庄大洪拳传承人申新春的居所，位于古村中部，主房坐北朝南，后墙全以石材砌成，前墙用石、木、砖建成，为典型的明、清传统宅院建筑。申海玉故居曾为上申庄革命先驱申海玉的居所，位于古村中部，主房坐北朝南，后墙全以石材砌成，前墙用石、木、砖建成，为典型的明清传统宅院建筑。

图 9-3-3　传统民居

1. 传统民居

（1）申庆珍民居。申庆珍民居（图 9-3-4 和图 9-3-5）为单层建筑，采用砖墙瓦顶，门楼内正对大门设屏门，屏门内为宽敞的庭院。

（2）申虎朝民居。申虎朝民居（图 9-3-6 和图 9-3-7）采用砖墙瓦顶，门楼、门墩、影壁等处均有精美雕刻。

图 9-3-4　申庆珍民居 1

屏门

大门内侧

（3）申小英民居。申小英民居（图 9-3-8）为单层建筑，采用砖墙平顶，门窗洞口砌成拱形。

（4）申诺柱民居。申诺柱民居（图 9-3-9）为单层建筑，采用砖墙瓦顶，正房高于两侧厢房。

（5）申蓝玉民居。申蓝玉民居（图 9-3-10）为单层建筑，采用砖墙平顶，正房略高于厢房。

庭院

图 9-3-5　申庆珍民居 2

图 9-3-6　申虎朝民居大门

影壁

门墩

木雕

庭院

图 9-3-7　申虎朝民居局部

庭院

门洞

图 9-3-8　申小英民居

门墩

影壁

大门

庭院

图 9-3-9 申诺柱民居

庭院

影壁墙

拱门

过道

图 9-3-10　申蓝玉民居

（6）申云岐民居。申云岐民居（图 9-3-11）为砖墙平顶，正房两层，厢房单层，院落较为狭长。

2. 公共建筑

按照上申庄村的习俗，建房先敬庙（如二郎神庙、天地庙等），敬过各方神明，村民才可以动工。上申庄村的天地庙原来有 3 座，分别供奉着龙牌天地、三界天地和十方天地，现仅剩老后街的东、西两座。希公桥附近还建有窑神庙、龙王庙、马王庙、关爷庙、奶奶庙、南海大士庙等。

壁画

过道

庭院

影壁墙

图 9-3-11 申云岐民居

（1）二郎神庙。二郎神庙为村内比较重要的公共建筑，见图 9-3-12。

（2）申氏祠堂。申氏祠堂为单层建筑，白壁丹楹，筒瓦屋面，檐下施彩绘，见图 9-3-13。

（3）天地庙。天地庙（图 9-3-14）为建村初始村民为祭拜天地而建造的。该建筑造型具有本地特色，面阔 3 间，带前廊，砖墙瓦顶，建筑材料为石、木、砖、瓦。殿内神像神态逼真，威武森严。墙壁彩画自然生动，栩栩如生，古式雕刻非常精美。

图 9-3-12 二郎神庙

正面

大门

碑楼

图 9-3-13　申氏祠堂

3. 历史环境简介

（1）希公桥。希公桥石砌桥身较为完整，只是青石栏杆已毁，目前已不再使用，见图 9-3-15。

（2）古树。村内现存 3 棵古槐树，历经 600 余年，见证了上申庄村悠久的历史。现在古树仍然枝繁叶茂，树下是村民夏天乘凉避暑的好地方。其中一棵古树见图 9-3-16。

（3）石碑。明万历三十五年（1607 年）当地官员立了希公桥石碑。石碑位于希公桥东桥头，距今已有 400 多年的历史。村内另有民国申天力名人碑。申天力字佑卿，上申庄人，1897 年生，20 世纪 20 年代初从天津北洋大学毕业后奉派到东北奉天矿务局任煤矿工程师，与张学良结识，拜为盟兄弟。东北沦陷后，他忧愤成疾，回乡静养，适临城毓华煤矿矿事堕坏，经人力请，暂为经纪，到任数月，矿貌大为改观，1935 年申天力病故，年仅 38 岁。村内还有多块石碑，见图 9-3-17。

（4）古井。村内古井现已废弃，见图 9-3-18。

正面

背面

庙内全神图

图 9-3-14 天地庙

桥身

桥上石雕

图 9-3-15 希公桥

图 9-3-16　古树

图 9-3-17　石碑（组图）

图 9-3-18　古井（组图）

第四节 刘石岗乡

刘石岗乡隶属河北省沙河市，距沙河市区约 26 千米，面积约为 75 平方千米。全乡位于市境中西部丘陵区，自东向西呈长条状。乡政府驻刘石岗村。

大坪村

（一）村落概况

基本情况 大坪村位于沙河市西部山区，东距沙河市区约 40 千米。村庄东西长约 1 100 米，南北宽约 600 米，平面呈长方形。因 1990 年至 2004 年，多数村民迁居到新大坪村，故旧大坪村（即传统村落）现居人口较少。旧大坪村的民居多为清代和民国时期建造，部分为 20 世纪五六十年代的旧式宅院。全村旧宅院约 100 处，近 2 000 间。大坪村为河北省历史文化名村，2014 年被列入第三批中国传统村落名录，2015 年被列入中央财政支持范围的中国传统村落名单。

历史沿革 大坪村始建于清朝康熙九年（1670 年），时有一个名为彭楼的人携妻带子迁居此地，占产置业，繁衍后代。如今，大坪村除一户人家为牛姓外，其余均为彭姓。

（二）空间格局

大坪村的村落环境见图 9-4-1。村中有东西主街 1 条，其全长 1 000 余米，有小巷 12 条。街巷高低错落、纵横交织，奠定了传统村落的空间形态基础。一条条街巷由青石铺砌，两侧石头房屋依高就低、顺势而建。大坪村的街巷空间见图 9-4-2 和图 9-4-3。

图 9-4-1 村落环境

图 9-4-2　街巷空间 1（组图）

图 9-4-3 街巷空间 2（组图）

（三）物质文化遗产

大坪村现存 80% 以上的清代古石楼保存完好，个别楼顶有残损。红石板罩顶的楼房有 600 余间，多数保存完好。古街道均由石板铺地。村内宅院具有浓郁的古代战争防御色彩，巷道与巷道之间多处留有石拱门洞，一旦有敌人来袭，村民可以随时将门洞封死，阻挡进犯之敌。按照地势不同，抬高的巷道与低处巷道相交处落差可达四五米，形成陡峭的红石高台。如遇敌人进犯，村民可迅速登台，居高临下进行反击。大坪村远眺见图 9-4-4。

1. 传统民居

大坪村的民居、院落样式具有典型的太行山区传统农村宅院风貌特征，北房、南房各 5 间（两头各为套间，朝院处为一门两窗式），东房、西房各 3 间（一门两窗式），它们组合成“四合院”（当地称五裹三“四格斗房”）。有些宅院与宅院之间相互连接。宅院有一进两全院、一进三全院和一进多全院（此种说法为当地俗称）等多种形式。

村内建筑墙体用料全部为当地产的赭红色丹霞岩石。房舍墙壁厚度约为 0.5 米，全由白灰黏结、勾缝。村内建筑中房顶由小青瓦罩顶、挑檐起脊的仅有 2 处，由红石板搭建起脊者约占总量的 30%，其他为白灰、石子、炉渣混合成浆锤顶式平房。除红石板尖顶房外，其他房屋多为木架式结构。

村中建筑的门窗多为木质。少数门楼画有戏曲中古装才子佳人的图案和松、竹、梅、菊、荷、藕、狮、虫、鱼、虾等图案。个别宅院街门上置有“门当”与“户对”。

图 9-4-4 村落远眺

（1）彭德民宅院。彭德民宅院（图 9-4-5）内有 1 层和 2 层的房屋，为石墙平顶，门窗洞口砌成拱形。庭院呈窄长形，地面由石块铺砌，院内植有树木花草。

（2）彭军平宅院。彭军平宅院（图 9-4-6）的北房为 2 层，其他房屋为 1 层，为石墙平顶，门窗洞口多砌成拱形。庭院呈长方形，地面由石块铺砌，院内植有花草。

（3）彭书兴宅院。彭书兴宅院（图 9-4-7）北房为 2 层，东、西厢房及南房为 1 层，为石墙平顶，门窗洞口多砌成拱形。庭院呈方形，地面由石块铺砌，院内植有树木。

门洞

庭院

大门

俯瞰

图 9-4-5 彭德民宅院

局部

庭院

大门

图 9-4-6 彭军平宅院

（4）彭志民宅院。彭志民宅院为单层民居，为石墙平顶，门窗洞口多呈方形。地面由石块铺砌，院内植有树木，见图 9-4-8。

（5）彭二朝宅院。彭二朝宅院北房为 2 层，东西厢房为 1 层，为石墙平顶，门窗洞口多砌成拱形，影壁墙上有神龛。庭院呈方形，院内地面由石块铺砌，见图 9-4-9。

（6）王福宅院。王福宅院为单层民居，为石墙平顶，门窗洞口多砌成拱形。庭院呈方形，地面由石块铺砌，院内植有树木，见图 9-4-10。

局部

大门

庭院

局部

图 9-4-7 彭书兴宅院

2. 公共建筑

村内有一些革命建筑，比如冀南银行旧址、八路军一二九师司令部旧址等。冀南银行于 1942 年成立，其旧址位于大坪村内彭日明院北屋。其高为两层，为石墙平顶，门窗洞口多为拱形。八路军一二九师先遣支队于 1937 年到沙河开展工作，先遣支队司令部驻大坪村彭永龄院，该旧址为单层，为石墙平顶，入口门楼有精美石雕。另外村内还有多处庙宇。

图 9-4-8 彭志民宅院

图 9-4-9 彭二朝宅院（组图）

图 9-4-10 王福宅院（组图）

（1）土地庙。土地庙（图 9-4-11）由砖石砌筑，为木梁平顶，上盖石板，面阔 1 间，门窗为木质。

图 9-4-11 土地庙

（2）佛爷庙。佛爷庙（图 9-4-12）由红砖砌筑，为硬山筒瓦顶，面阔 3 间，带前廊，檐下施彩绘，门窗为木质。庙前有石碑数块。

（3）龙王庙。龙王庙（图 9-4-13）由砖石砌筑，为木梁平顶，面阔 3 间，门窗为木质。

3. 历史环境简介

（1）古柏。古柏（图 9-4-14）有 500 余年的历史，至今依旧枝繁叶茂。

（2）古井。村内现存多口石砌古井，见图 9-4-15，目前它们都不再使用。

（3）石碑。村内现存石碑见图 9-4-16。

图 9-4-12　佛爷庙

图 9-4-14　古柏

图 9-4-13　龙王庙

图 9-4-15　古井

图 9-4-16　石碑（组图）

渐凹村

（一）村落概况

基本情况 渐凹村位于沙河市西部山区，属刘石岗乡行政管辖。村庄建成之初呈龙头状，庙宇众多。现存主要的公共建筑有古戏楼、观音庙、龙王庙、土地庙等。村庄内现有多条石板街，为村落建成至今保存较好的传统街道。渐凹村为河北省历史文化名村，2014 年被列入第三批中国传统村落名录，2015 年被列入中央财政支持范围的中国传统村落名单。

历史沿革 该村是以地形命名的。明永乐二年（1404 年），侯、李、胡诸姓百姓奉诏由山西洪洞县迁到此处开荒种地，定村名为“侯家庄”。之后，范、郭、崔、朱姓百姓相继迁入，村内人烟日渐繁盛。因村庄坐落在渐水凹地，故命村名为“渐水凹”，后又改为“渐凹”，沿用至今。

（二）空间格局

深藏太行山腹地的渐凹村群山环绕，围合封闭，负阴抱阳，藏风聚气，东进西收，可谓“风水宝地”。古村房舍依山就势建在向阳的山坡上，层层叠叠，结构严谨，浑然天成，构成一幅绝美画卷，被称为“太行山里的小布达拉宫”。村内的街巷空间见图 9–4–17。

（三）物质文化遗产

渐凹村迄今已经有 600 余年的历史。民居建筑就地取材，依山就势，层叠有致。村内大多数传统建筑以红色条石砌筑墙体，房顶用薄厚均匀的红石板做成平顶或坡顶。村内建筑及历史环境要素分布见图 9–4–18。

1. 传统民居

太行山区冬夏温差较为悬殊，石头作为民居的主要建材，其隔热性和储热性是其他材料难以达到的，厚厚的石头墙壁隔绝了室内外大部分的热量交换，室内温度受室外温度的影响程度大大降低，使房屋内部呈现出冬暖夏凉的特点。

（1）范三国民居。范三国民居（9–4–19）为两层建筑，建于明清时期，为石头墙体、石板屋顶。正房设有神龛，进深 3 米，东西厢房均进深 5 米。建筑使用木质门窗，门窗洞口砌成拱形，部分洞口为方形，保存较为完整。

（2）崔福群民居。崔福群民居（9–4–20）建于民国时期，为石头墙体、石板屋顶、木质门窗，有神龛，进深 4.5 米，建筑保存较为完整。

2. 公共建筑

（1）古戏楼。古戏楼（图 9–4–21）建于明末清初，舞台位于砖石台基之上，面阔 3 间，为双坡瓦顶。

图 9–4–17 街巷空间（组图）

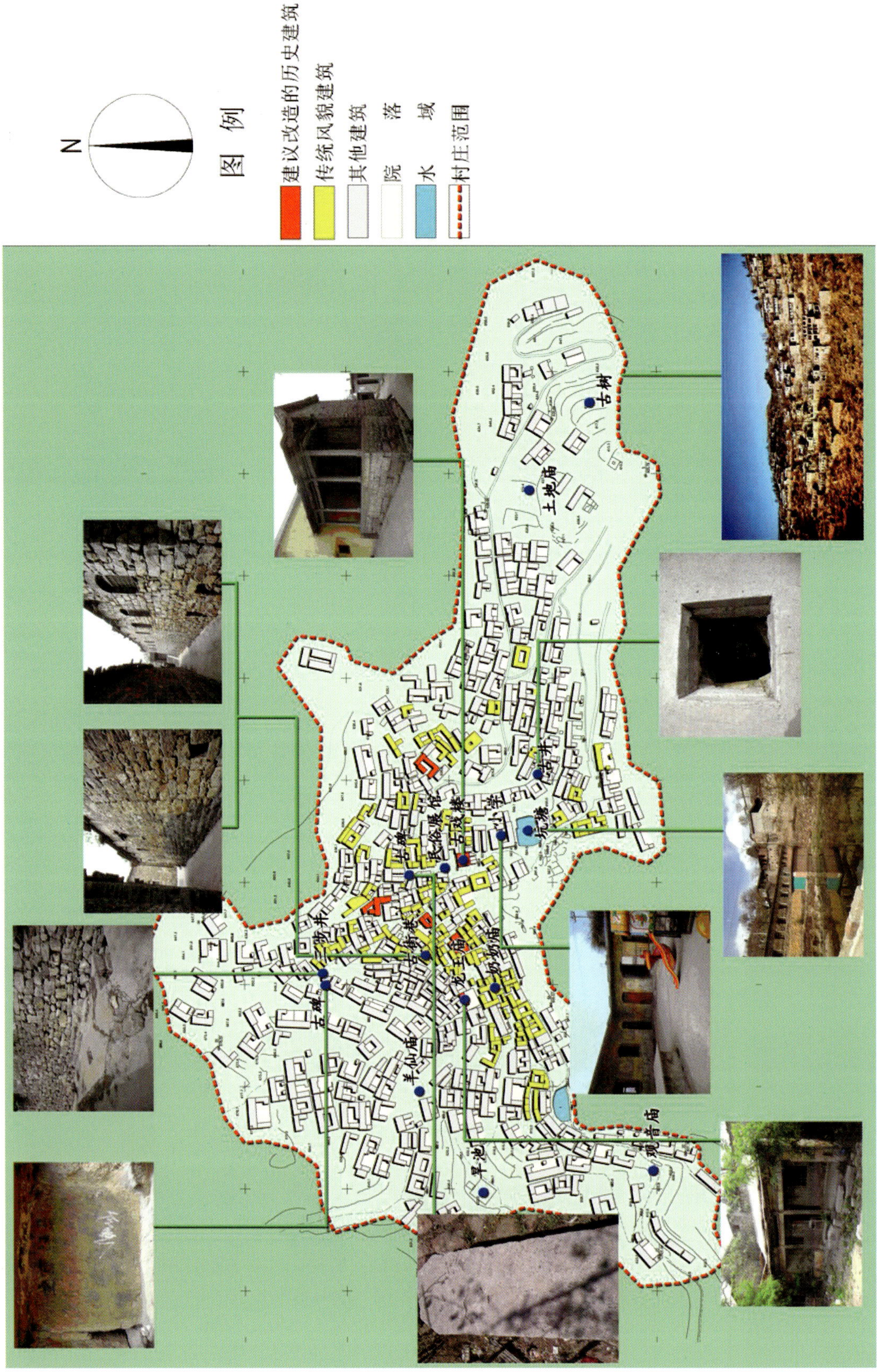

图 9-4-18 村内建筑及历史环境要素分布

图 9-4-19　范三国民居（组图）

图 9-4-20　崔福群民居

（2）龙王庙。龙王庙（图 9-4-22）位于村西，建于明末清初，面阔 3 间，带前廊。

图 9-4-21　古戏楼

图 9-4-22　龙王庙

第五节 非物质文化遗产

沙河市拥有丰富的非物质文化遗产，如民间剪纸、彩绘门楼、四匹缯布织造、荆编、旧式打铁、石雕等。图 9-5-1 为村民在织布。沙河市的民间艺术及戏曲表演丰富多彩。民间表演艺术方面有秧歌、傩舞、旱船、狮舞、跑驴、二鬼摔跤等。地方戏曲表演方面有沙河梆子、平调、落子等。

图 9-5-1 织布

（1）地方戏曲。平调因最初起源地在武安，故称"武安平调"，在清代中叶传入沙河市，并在不断的发展变化过程中逐渐形成具有沙河柴关川地方特色的民间戏曲。王硇村南距武安市令公村不足 4 千米，地方戏曲的发展与流变在历史上受武安地方小剧种影响颇大。沙河市的落子比较有名，1949 年以前，王硇村即有专业落子剧团，演出的剧目主要有《端花》《王小赶脚》《劝九红》《跑沙滩》《吕蒙正赶斋》《老少换妻》《小过年》《借当》《蓝桥会》《闹驴》等。

（2）庙会。王硇村影响较大的民俗活动是红枫山奶奶庙每年农历三月十五的传统庙会。该庙会历史久远，影响地域较广。王硇村的民间花会节目也丰富多彩，有秧歌、跑驴、旱船、扇鼓舞（俗称打扇鼓）等。上申庄村每年农历二月二十五都会在村西二郎岗举行庙会，庙会上有说书的、唱小戏的，热闹非凡。其中最具特色的当属打扇鼓。扇鼓的鼓面有些像团扇，上面用水墨画颜料绘出山水、虫鸟、人物等图形。打扇鼓用的鼓槌约半米长，上面用五彩的丝络或者布条层层装饰，有些像唱戏用的马鞭，所以老百姓给它起了个非常形象的名字——鼓鞭。记载庙会热闹情景的手绘作品见图 9-5-2。

（3）拉死鬼。沙河市传统村落内农历正月十六"拉死鬼"的习俗反映了农耕社会村民们对风调雨顺、五谷丰登和社会安宁的祈盼。"拉死鬼"开始时，由一群"小鬼"（代表好鬼，负责捉拿代表恶势力的"死鬼"）手持烧火棍，将"死鬼"羁押游街。当"鬼"快跑经过谁家的门口时，这家人就会赶紧点燃篝火，添草加柴，让火旺旺的，火烧得越大越旺，代表越吉利、越好，当"鬼"跑过来了，就要点燃爆竹，让"鬼"在震天的鞭炮声中跑过，俗称"炸鬼"。"死鬼"就这样在村子的大街小巷里被羁押着跑来跑去，一直要转完整个村子。最后在村外的田地里人们将"死鬼"的行头用一把大火烧尽，代表作祟的恶势力被统统赶尽杀绝，不会再祸害村里，整个仪式才算结束。

（4）大洪拳。上申庄村的大洪拳是一种传统拳法，关于其历史，一种说法是大洪拳来自于宋太祖赵匡胤习练的拳术六步架；一种说法是大洪拳为上古伏羲遗之，尧王则之，老子继之，是少林武功的基础拳。凡练少林拳术、器械、短打、技击者，都从大洪拳起手，故素有"洪拳为诸艺之源"之称。大洪拳在上申庄村的上一辈传承人为申新春，目前村内没有新的传承人。

（5）祭祀。据上申庄村《申氏家谱》的记载和有关专家的考证，该村申氏为蒙古贵族后裔。璐王，名曰璟，字迈公，成吉思汗三子元太宗窝阔台的第五代嫡孙，终老后葬于上申庄村南、三王村西。该村为曰璟躲避明军追杀而隐身和其子孙发迹之地。自古及今，每年农历四月二十八，散居于全国各地的申氏后人相约到此祭祀先祖，走亲访友。2012 年，村内成立了"申氏文化研讨会"，同时申请"非物质文化遗产"，并拟建申氏祖庭，以供后人追根溯源，纪念先祖。目前申氏祖庭已完成了设计和选址。

图 9-5-2 庙会